AF401812

LE SIÉGE DE PARIS

JOURNAL DE

M. GASTON DE MURAT

CAPITAINE AU 4e BATAILLON DES MOBILES DU LOIRET

CHEVALIER DE LA LÉGION-D'HONNEUR,

ACCOMPAGNÉ D'UNE NOTICE

Par L. C.

> Son sacrifice pèsera dans la balance
> où la justice de Dieu tient en ce mo-
> ment notre infortunée patrie.
>   (X***.)

ORLÉANS

H. HERLUISON, LIBRAIRE-ÉDITEUR

17, RUE JEANNE-D'ARC, 17

—

1872

LE
SIÉGE DE PARIS

ORLÉANS, IMPRIMERIE DE GEORGES JACOB, CLOITRE SAINT-ÉTIENNE, 4.

GASTON DE MURAT

LE
SIÉGE DE PARIS

JOURNAL DE

M. GASTON DE MURAT

CAPITAINE AU 4ᵉ BATAILLON DES MOBILES DU LOIRET

CHEVALIER DE LA LÉGION-D'HONNEUR,

ACCOMPAGNÉ D'UNE NOTICE

Par L. C.

> Son sacrifice pèsera dans la balance
> où la justice de Dieu tient en ce mo-
> ment notre infortunée patrie.
> (X***.)

ORLÉANS

H. HERLUISON, LIBRAIRE-ÉDITEUR

17, RUE JEANNE-D'ARC, 17

1872

BIBLIOTHÈQUE NATIONALE R.F. IMPRIMÉS

DON Nº 25,990 MINISTÈRE de l'Instr. Publ.

AVANT-PROPOS.

Prié par quelques amis d'écrire la biographie de
Gaston de Murat, l'une des plus jeunes victimes de
notre dernière guerre, j'aurais décliné cette tâche,
et serais resté recueilli devant les mystérieux desseins de la Providence de Dieu, si je n'avais compris qu'il ne s'agissait pas ici d'un éloge, mais d'un
chrétien et patriotique enseignement, dans lequel
il y avait à présenter à sa famille une légitime
consolation, à ses amis qu'il aime toujours un en-
couragement, et à toute la jeunesse dont il est l'honneur un modèle.

Cependant, je dois l'avouer, ayant connu Gaston dès son enfance, l'ayant préparé à la sainte et ordinairement décisive action de la première communion, je trouve une douce satisfaction, puisqu'il est mort si prématurément, à rendre, s'il est possible, plus féconde sa vie trop courte, en le faisant revivre dans le tableau des belles qualités de son cœur. Je voudrais que son souvenir, que l'estime qu'il inspirera lui suscitassent des imitateurs; et il semble qu'il est d'autant plus facile de marcher sur ses traces, que Dieu ne l'avait pas doué d'une de ces natures exceptionnelles dont la perfection originelle étonne et décourage. L'harmonieux accord de ses facultés pouvait, il est vrai, élever son âme très-haut dans les voies du progrès, mais à la condition d'un concours généreux et persévérant de sa volonté. *Progrès* est véritablement le mot qui peindrait, d'un seul trait, l'espace qui s'est écoulé de la douzième à la vingt-deuxième année de Gaston. Ses parents, ses maîtres et ses condisciples furent tous témoins de ce développement qui embellissait de plus en plus son âme, à mesure que sa physionomie, son attitude, sa conversation et tout son être extérieur acquéraient aussi une beauté virile qui était le vrai reflet de l'amélioration de son cœur.

En proposant aux jeunes gens de parcourir avec moi cette vie dont la trame a été rompue si brusquement, je n'offre donc point à leur curiosité l'apparition d'un prodige ; je leur présente un modèle, pris à leur portée, pour les encourager aux généreux efforts qui les mèneront aussi à la beauté morale, à l'amabilité et à l'honneur.

LE
SIÉGE DE PARIS

JOURNAL DE

GASTON DE MURAT

CAPITAINE AU 4ᵉ BATAILLON DES MOBILES DU LOIRET

CHEVALIER DE LA LÉGION-D'HONNEUR.

CHAPITRE PREMIER.

ÉDUCATION.

Descendant d'une ancienne famille qui habitait, dès le milieu du XIIIᵉ siècle, la petite ville de Murat, qui lui a donné son nom, le vicomte Elzéar-Charles-Gaston naquit à Paris, le 15 mai de l'année 1848, du légitime mariage de M. Elzéar-Antoine, comte de Murat, et de Mᵐᵉ Ida-Isabelle-Éléonore de la Cretaz.

D'abord ondoyé à l'église des Missions, ce ne fut que le 4 septembre qu'on suppléa les cérémonies du baptême (1) à Marcilly-en-Villette, paroisse située à quelques lieues d'Orléans, et sur le territoire de laquelle

(1) Trois arbres furent plantés le 4 septembre 1848, au bord de l'étang du Bruel, en face du château, pour rappeler cette heureuse fête de famille. Aujourd'hui ils restent les témoins attristés de la fragilité du bonheur de la terre.

se trouve le château du Bruel, aujourd'hui résidence ordinaire de la branche cadette des de Murat (1). Je n'ai pas à parler de ses parents : M. le comte et Mme la comtesse de Murat survivent à leur fils, et mes paroles élogieuses, malgré la plus stricte réserve, seraient peut-être soupçonnées de contenir quelques flatteries. Du reste, son père, sa mère, ses frères, ne pourraient être loués par cet humble écrit autant qu'ils le sont par les exceptionnelles qualités de celui qu'ils regrettent, et ils seront de plus aimés et bénis de Dieu, qui leur a demandé un aussi douloureux sacrifice.

Les premières années de Gaston s'écoulèrent sous la tendre et pieuse vigilance de sa mère, au château du Bruel. Dès l'âge de sept ans, il fut confié aux soins éclairés d'un dévoué et digne prêtre, M. l'abbé Montrouzier, aujourd'hui missionnaire à Hué, une des principales villes de la Cochinchine. Passant tour à tour des caresses de sa mère aux leçons de son vénéré maître, et des premiers éléments de la religion à la pratique des devoirs du respect, de l'obéissance et de la prière, il recevait en son âme la double et ineffaçable empreinte de l'amour maternel et de la foi sacerdotale. Une forte affection pour sa mère et une aimable piété envers Dieu et la sainte Vierge furent les premières fleurs qui épanouirent dans la belle âme de Gaston. On a dit que l'homme est formé à douze ans; ce fut absolument vrai chez Gaston, et on peut même ajouter qu'en lui l'homme se forma dès l'âge de sept ans. Rarement une éducation commença sous de plus heu-

____

(1) Cette famille ne tient par aucun lien à celle de Joachim Murat.

reux auspices et se poursuivit dans des circonstances
plus avantageuses. Ne rencontrant partout que le sourire
de l'affection, la vue des hommes n'éveillait en son
jeune cœur que des sentiments remplis de suavité et de
bienveillance. Formé avec douceur et sagesse à aimer
les beautés de la vertu et à craindre le mal, ses instincts
et sa conscience conçurent invariablement l'horreur du
vice. Préservé du malheur de beaucoup d'enfants, qui
ruinent l'autorité de leur mère en lui opposant ses
faiblesses, il apprit à obéir de bonne heure, et ne
l'oublia jamais ; enfin il resta toute sa vie ce qu'il était,
quand, des mains de son précepteur, il passa au Petit
Séminaire d'Orléans, à la Chapelle-Saint-Mesmin. Je ne
voudrais pas dire, toutefois, que cet enfant de dix ans
était exempt des défauts inhérents à son âge ; au contraire, le mérite principal de Gaston est d'avoir sans
cesse progressé dans la voie du bien, en détruisant peu
à peu les germes mauvais déposés en nous par l'ennemi
de notre perfection et de notre bonheur. Seulement, je
remarque en Gaston, enfant, les principes et les qualités qui feront plus tard la valeur réelle, l'amabilité et
la force chrétienne de sa jeunesse ; et le secret de ce
perfectionnement, à travers toutes les entraves de la
nature et du monde, se trouve dans les deux éléments qui ont concouru au premier développement de
sa vie intellectuelle ; je veux dire la douceur et la
vigueur, l'union du véritable amour maternel et des
puissantes ressources de la religion. Et ces précieux
avantages dont Gaston avait joui au Bruel ne lui firent
pas défaut, quand il fut amené, avec son frère Arthur,
à La Chapelle, au mois de novembre 1858. Mme de Murat,

en confiant ses enfants à M. l'abbé Hetsch, le savant
et pieux supérieur de la maison, put se convaincre que
leur éducation ne serait dépourvue ni de l'affection,
ni de la sagesse qui doivent présider à cette œuvre
divine, et je crois véritablement que tout autre milieu
eût été désastreux pour l'âme de Gaston; il fallait
que cette jeune plante retrouvât à peu près le sol
et la sève de ses premières fleurs. Une autorité sépa-
rée de la religion lui aurait semblé un esclavage into-
lérable; et des maîtres qui n'auraient pas eu pour
lui un peu le cœur de sa mère et la foi vive de son précepteur n'auraient obtenu ni sa confiance ni son respect.
Mais heureusement, dans ce palais de l'éducation, comme
l'appelait M. de Montalembert, se trouvait réuni tout ce
qui peut élever l'intelligence, affermir le caractère, dé-
velopper les sentiments délicats du cœur, former la
conscience et le jugement, et produire, en un mot, une
éducation accomplie.

Les deux premières années de Gaston, à La Chapelle,
ne furent guère, malgré le travail et les classes de
chaque jour, qu'une préparation à sa première communion, qu'il eut le bonheur de faire le jour de l'Ascension, le 17 mai 1860. Une âme douée, comme était
la sienne, dut recevoir nécessairement à ce moment,
unique dans la vie, des impressions qui dominèrent
toutes les autres.

Je me plais au souvenir de notre Gaston, avec ses
douze ans, sa droiture, sa pureté de conscience, sa
nature douce et sensible, sa foi sincère en présence de
Notre-Seigneur Jésus-Christ humblement caché sous les
voiles de l'Eucharistie, et redisant avec la simplicité de

sa tendresse divine : *Laissez venir à moi les petits en-*
fants. Or, je me rappelle parfaitement la jeune troupe
au milieu de laquelle Gaston entendit ces paroles de
l'adorable Maître, et, je le dis avec confiance, personne
ne les a mieux comprises et mieux goûtées que lui.

Les années qui suivirent furent plus ou moins semblables aux deux précédentes.

On voyait toujours en la conduite de Gaston la même
droiture et la même docilité. Fidèle aux prescriptions et
aux habitudes de la maison paternelle, il trouvait faciles
les devoirs du respect et de la prévenance envers ses maîtres, et léger le joug de la discipline du Petit Séminaire.
Gai, ardent et plein d'aménité pour ses condisciples, la
pensée de Dieu et le sentiment de la justice ne lui per-
mirent jamais un murmure contre les exigences du bon
ordre de la maison, même quand il gênait le plus ses
goûts. Plus d'une fois, il lui fut donné de se faire le con-
ciliateur des petites difficultés survenues entre ses amis,
et d'apaiser, par quelques réflexions judicieuses et chrétiennes, les mécontentements dont il était le témoin
ou le confident.

Quand il lui arrivait de recevoir des observations,
encourues pour une infraction au réglement de la
maison, c'était sans plainte et sans excuse. Il comprenait qu'ayant manqué à son devoir, ses maîtres devaient
l'y rappeler, et il ne lui coûtait point d'avouer ses torts
devant ses complices, et même de blâmer leur indocilité
à se soumettre à l'autorité.

Je me souviens qu'un soir, après le souper, les élèves
montaient silencieusement au dortoir, en suivant les
rampes de l'escalier, et laissant, comme toujours, au

milieu d'eux un passage où se tenaient les maîtres. Gaston causait avec un de ses voisins, à peu de distance de moi, contrairement à la défense du réglement. Je ne crus pas possible de tolérer une faute de ce genre. « Cet enfant, me disais-je, désobéit ostensiblement ; si je ne le reprends pas, je le scandaliserai par mon défaut de zèle ; et s'il y a chez lui *du sans-gêne,* je perdrai l'occasion de lui donner une leçon de générosité et de force de volonté. » Car ce qu'il y a d'admirable, je ne dirai pas dans la sévérité, mais dans la précision et les détails du réglement de La Chapelle, c'est qu'en accordant à la nature tout ce que demande le développement physique et intellectuel, il s'empare en même temps du cœur et du caractère, et, par un mélange de force et de douceur, les élève et les affermit, les domine et les encourage, pour les préparer à toutes les luttes de la vie.

J'allai donc à notre coupable, et aussitôt il rentra dans le devoir. Mais mon intention ne se bornant pas à arrêter un léger désordre, et songeant encore bien plus à l'avenir du jeune écolier, je cherchai à lui inspirer la résolution sérieuse d'éviter dorénavant la même faute: « Gaston, lui dis-je, après le défilé de ses condisciples, vous n'avez pas eu la force de taire quelques paroles inutiles... Cette faiblesse ne vous honore pas, et elle a été préjudiciable à plusieurs témoins de votre légèreté. »

Ces deux mots, prononcés avec bienveillance et gravité, produisirent sur Gaston une impression à laquelle j'étais loin de m'attendre. Des larmes lui vinrent aux yeux, qu'il tenait baissés, et son visage parut se couvrir de tristesse ; je m'éloignai donc sans rien ajouter, le laissant à ses réflexions et aux conseils de la nuit. Le lendemain, à la première récréation, je le revis, pour m'assurer de ses dispositions, prêt à verser, au besoin, le baume de la douceur sur la blessure de la veille; mais c'était bien inutile : son bon sens et son équité avaient tout pris et arrangé selon le meilleur esprit ; il m'exprima ses regrets avec un tel accent de sincérité, que je fus heureux de cette faute qui avait obtenu une si excellente réparation.

Une nature si bien préparée aux enseignements qui font entendre le langage de l'honneur et de la conscience permettait de concevoir les plus belles espérances, surtout si on tient compte des secours exceptionnels qu'elle rencontrait au Petit Séminaire de La Chapelle. Effectivement, la vie intellectuelle affluait là de toute part, comme la sève dans une forêt, sous l'abondante chaleur du printemps. Mgr Dupanloup, qui était du séminaire le foyer principal et inépuisable, savait communiquer à tous les maîtres un zèle de tous les instants et prêt à se plier à toutes les exigences de leur mission.

Attentivement choisis, les professeurs venaient avec bonheur dépenser, sur cette terre classique de la piété et de la science, la noble ardeur de leur âme sacerdotale. L'intérêt et la religieuse affection qu'ils portaient à leurs élèves offraient à leurs difficiles fonctions d'inépuisables ressources. Ajoutons que la vie sévère et laborieuse, la piété et l'obéissance persévérantes d'une troupe de prêtres, qui se soumettaient au réglement fait pour leurs élèves, étaient un enseignement qui parlait mieux et plus haut que tous les discours et tous les autres moyens d'action. Combien d'âmes ont puisé à cette source, sans en remarquer la richesse, les sentiments et

les vertus qui les distinguent aujourd'hui dans la société !
Gaston est un des exemples remarquables de cette influence de la maison où s'est faite son éducation. D'une
part, la vue de ses maîtres le retenait sans violence dans
le bien ; leurs conseils, et leurs reproches mêmes, étrangers au caprice qui impose un fardeau qu'il ne voudrait
pas toucher du doigt, avaient une puissance persuasive
qui s'imposait avec douceur à sa volonté. D'autre
part, la providence de Dieu, qui procède toujours
avec une force mêlée de suavité, avait créé dans le
cœur du jeune écolier une voie ascendante où ses pensées et ses affections s'élevaient incessamment. Ainsi,
excité par l'attrait de la grâce, soutenu par l'exemple
et les conseils de ses maîtres, il traversa doucement la
carrière des premières épreuves, et si, dans le cours de
son adolescence, il ne fut pas toujours exempt de reproche, les fautes dont il pouvait se rendre coupable
tournaient ordinairement à l'avantage de son cœur.
Pour comble de bonheur, il ne fut point exposé à laisser périr, au milieu de la dissipation et de la liberté
parfois trop absolue des vacances, les fruits courageu-
sement amassés durant les mois passés au Petit Séminaire. Du jour où Gaston se trouvait privé des soins de
ses maîtres, il rencontrait l'amicale vigilance d'un dévoué précepteur, qui partageait au Bruel la sollicitude
de sa famille.

Rien ne troublait donc et ne ralentissait en son âme
le progrès, modéré, il est vrai, mais réel et soutenu,
qui s'y opérait, soit dans l'utile repos de la campagne,
soit dans l'irrésistible entrain du Séminaire où il re-
tournait très-exactement, chaque année, aux premiers

jours d'octobre, continuer ses études littéraires. Mais plus ces heureuses années passent calmes, régulières, partant irréprochables, quant à la conduite, moins elles offrent de particularités à signaler. C'est toujours la même docilité vis-à-vis de ses maîtres, une continuelle aménité de caractère envers ses condisciples, un remarquable respect pour tout ce qui touche à Dieu, à la religion et à ses ministres, une charmante égalité d'âme, aussi éloignée de la turbulence que de la tristesse.

Cependant, notre cher Gaston, qui portait l'empreinte visible de la gaîté, avait parfois ses heures de mélancolie. Le mystérieux instinct qui rappelle au cœur de l'homme sa déchéance et ses sublimes destinées se réveillait et lui tenait un langage que l'inexpérience de son âge traduisait en paroles pleines de larmes et d'inquiétude. L'ange de Dieu parlait d'avenir, de félicité éternelle, de gloire infinie, et le jeune écolier comprenait que la mort s'apprêtait déjà à plonger sa vie, à peine commencée, dans les ténèbres épaisses du tombeau. Une fleur fanée sur sa tige reverdie dès la veille seulement, la mort d'un condisciple, la vue du crucifix, le gémissement du vent au travers des grands arbres du parc de La Chapelle, produisaient dans son âme des impressions qui lui inspiraient tantôt une prière, tantôt une plainte ou un cri de douleur et d'espérance. Telle est la pensée qu'il a voulu exprimer en conservant les strophes suivantes, épargnées dans la destruction de beaucoup d'autres écrits:

Déjà la brise caressante
Sème les parfums dans les airs.....
. . . .
. . . .
. . . .

L'oiseau chante dans la vallée,
L'hirondelle a fixé son vol ;
Dis, pauvre fleur étiolée,
Pourquoi ta corolle étoilée
S'incline-t-elle vers le sol ?

Le souffle brûlant de l'orage
A flétri tes belles couleurs.....
De mes jours trop fidèle image,
Blanche parure du bocage,
Tu vis une aurore, et tu meurs.....

En se complaisant dans la plaintive élégie de cette pauvre petite fleur qui n'a vécu qu'une aurore, Gaston ne pensait pas être si près de la vérité, en y entrevoyant l'image de sa destinée sur la terre !...

Mais qu'on me permette encore de citer les lignes qu'il traça un jour, dans un de ces moments attristés dont nous avons parlé plus haut :

« O mon Dieu ! aidez-moi à défendre mon cœur contre les passions terrestres ! Faites que je sois toujours prêt à paraître devant vous ; donnez-moi la pureté du jeune ami que je pleure (1). Je ne sais pourquoi, mon Dieu, mais je me sens tout ému, sur le point de fondre en larmes...

____

(1) Un de ses amis venait de mourir avec des signes de prédestination.

« J'entends une voix qui me dit : « Tiens-toi prêt ; aime Dieu, sers-le avec dévotion, car ton heure est proche. » Cette pensée me poursuit partout... Mon Dieu, je me recommande à votre paternelle bonté, et je me jette de tout cœur dans le sein de votre miséricorde. Mettez en moi le germe de votre amour, faites-le fructifier...

« Donnez-moi quelques succès dans mes études... C'est avec une entière soumission à votre sainte volonté que je vous adresse ces prières..... »

De telles paroles, à dix-huit ans, résument tous les éloges qu'on pourrait adresser à celui qui les a écrites. Apprécier le trésor d'un cœur vertueux ; s'émouvoir jusqu'aux larmes en face des périls dont le menacent les passions terrestres ; sentir déjà le néant de la vie présente, quand on n'en a encore goûté que les douceurs ; préférer l'amour de Dieu à tout le reste, et se soumettre, sans réticence, aux inscrutables desseins de la Providence, c'est donner le signe le plus manifeste d'une prudence et d'une maturité de raison bien rares à cet instant de la jeunesse.

Heureux donc celui qui porte en son âme de si belles inspirations ! On le rencontrera toujours sur le chemin de l'honneur, et ses derniers jours seront pleins d'espérance... Heureuses aussi les familles qui possèdent de si précieux exemples ! Dieu leur conserve son amitié et ses bénédictions.

Si je ne craignais quelques longueurs, je rapporterais encore plusieurs pages où Gaston a fixé le souvenir des pieuses émotions de son cœur dans la chapelle des Martyrs, aux Missions-Étrangères, à Paris. Je citerai seulement les dernières lignes de son récit :

« Les jeunes lévites s'avançant lentement, le front baissé, gravissent en silence le grand escalier de pierre qui occupe le centre des bâtiments ; arrivés au milieu, ils s'arrêtent devant une porte marquée d'une croix, s'agenouillent un instant, puis, toujours en silence, pénètrent dans une salle étroite qui n'est éclairée que par la lueur vacillante d'une lampe, dont les pâles rayons glissent sur les châsses d'or et les instruments de supplice. C'est ici le vénérable sanctuaire où reposent les restes sacrés d'un grand nombre de récents témoins de la foi de Jésus-Christ. Les murailles suffisent à peine à redire, en tableaux saisissants de vérité, les horribles tortures qu'ont endurées les bienheureux martyrs. Quant à la voûte, elle est couverte de haches encore sanglantes, de coutelas, de glaives et d'autres instruments inventés par la cruauté des persécuteurs.

« ... C'est en présence de ces horribles trophées de la souffrance et de la mort que, chaque soir, se réunissent, pour prier et méditer, ces intrépides soldats du Christ, dont les glorieuses dépouilles viendront peut-être un jour augmenter les trop riches trésors qu'ils vénèrent...

« Jeunes apôtres, que vous ont appris ces instruments de torture, ces chairs meurtries, ces ossements brisés, ce sang, ces images du martyre? — La gloire de mourir pour Dieu!... »

Après avoir achevé son cours de philosophie à La Chapelle-Saint-Mesmin, Gaston entra, au mois d'octobre 1868, à l'école Sainte-Geneviève, à Paris, où il suivit, durant une année, des cours spéciaux de sciences et de littérature. Le séjour qu'il fit dans ce dernier établissement mit en pleine lumière les qualités distinguées de son cœur. Sympathique à tous ses condisciples, beaucoup, parmi les meilleurs, recherchèrent son amitié. Ses maîtres eux-mêmes, sans exception, mais surtout le R. P. Ducoudray, lui portaient une vive affection, qu'il s'efforçait de mériter en tous points, et laquelle se révéla tout entière à l'occasion d'une maladie dont la gravité le conduisit à deux pas du tombeau. Une nuit, sa vie ne tenait plus qu'à la réussite d'une difficile opération, qui laissait peu d'espoir aux hommes de la science.

Dans ce moment critique, le P. Ducoudray réunit ses pieux confrères, qui partageaient sa cruelle anxiété, et tous ensemble sollicitent la guérison de leur cher malade, promettant de faire un pèlerinage d'actions de grâces à Notre-Dame-des-Victoires, si leurs prières étaient exaucées. Or, à quelque temps de là, on vit toute la communauté agenouillée dans le sanctuaire miraculeux de la Sainte-Vierge, et bénissant la miséricorde divine d'une faveur pour laquelle chacun se croyait obligé à la reconnaissance. Gaston, particulièrement intéressé dans cette religieuse démonstration, voua dès ce moment toute sa confiance et toute sa vie à Notre-Dame-des-Victoires.

Cependant la fin de l'année scolaire étant arrivée, il voulut, avant de rentrer dans sa famille, subir les épreuves du baccalauréat ès-lettres; et grâce à Dieu, les beaux succès qu'il y obtint augmentèrent encore la joie que son retour apportait au Bruel.

CHAPITRE II.

LE BRUEL.

Durant les dernières années de ses études littéraires,
et spécialement depuis sa rentrée définitive au Bruel,
la qualité principale, et je dirai la vertu dominante de
Gaston, fut la piété filiale, qu'il porta, je crois, à un des
plus hauts degrés qu'elle puisse atteindre. Aimer ses
parents était chez lui autre chose qu'une inclination :
c'était l'accomplissement d'un devoir compris et prati-
qué selon l'intention de Dieu. Il nourrissait en son
cœur, vis-à-vis de son père et de sa mère, tout à la
fois le respect et l'aimable abandon d'un bon fils, et la
délicatesse, le généreux dévoûment d'un tendre et fidèle
ami, et ces heureuses dispositions étaient d'autant plus
persévérantes, qu'elles n'étaient pas exclusivement l'effet
de la cordialité et de l'excellence de son caractère : dans
les sacrifices que son affection savait parfois accomplir,

on reconnaissait que la grâce de Dieu tenait une large place.

Aussi, arrivait-il que notre cher Gaston devenait plus expansif et plus affectueux que jamais envers son père et sa mère, la veille et le lendemain d'une communion, car alors son âme se trouvait naturellement sous une influence plus efficace de la grâce et de l'amour de Jésus-Christ.

Ses respectueuses et amicales attentions pour sa mère allaient si loin, qu'il aurait tout sacrifié, plutôt que de lui déplaire, et celle-ci pouvait, à tout instant et sans abuser, mettre en jeu ce ressort puissant, pour porter son fils au travail, à la crainte du mal et à l'attachement aux devoirs de la religion. Comme M. et Mme de Murat tenaient beaucoup à ce que Gaston fît une étude sérieuse du droit, leur volonté fut sur ce point, comme en toutes choses, scrupuleusement observée. Trois fois par semaine, il partait à six heures du matin pour Orléans, assistait au cours de droit, recueillait ses notes et reprenait promptement le chemin du Bruel. Des premiers jours de novembre à la fin de janvier, le mauvais temps et le froid ne lui furent jamais un prétexte pour manquer sa leçon, et je l'ai vu plus d'une fois braver la pluie ou la neige, et faire en voiture découverte les quatre lieues qui le séparaient de la ville. Pour toute récompense, il demandait à sa mère qu'elle lui permît de travailler près d'elle, passant du droit à l'histoire et de l'histoire au dessin. De son côté, afin d'encourager de si bonnes dispositions, Mme de Murat demandait de temps en temps à Gaston de lire à haute voix, pendant qu'elle poursuivait sans relâche ses tra-

vaux à l'aiguille. D'autres fois elle se plaisait à lui dic-
ter ses notes de droit, espérant écarter de son esprit,
par cette amicale précaution, l'ombre même du dégoût,
si voisin des études élémentaires du code.

Malgré la monotonie inhérente à ce travail, qui reve-
nait chaque jour, l'ennui en était toujours banni ; à sa
première apparition, il se voyait repoussé par la cordiale expansion d'une bonne et familière causerie, où
les filiales confidences, les questions sages ou indis-
crètes, amenaient naturellement les conseils les plus
utiles et les réflexions les plus graves.

Un jour, dans le courant d'un de ces intimes et fruc-
tueux entretiens, ayant entendu et compris le malheur
des jeunes gens qui, après avoir rompu avec les principes de leur éducation chrétienne, se laissent entraî-
ner par de faux amis dans les voies du mal, du des-
honneur et de la perdition, Gaston s'écria tout à coup,
en imprimant à sa parole une vigueur où vibrait l'accent
d'un cœur ferme et convaincu : *Oh ! mère ! n'ayez pas
peur ! je suis chrétien !... et il me semble que si la pensée du mal osait se présenter à moi, la crainte de vous
faire de la peine me retiendrait toujours.*

Cette forte et chrétienne affection, sans remplir tout
entier le cœur de Gaston, suffisait cependant à son bonheur ; il ne songeait point à goûter d'autres jouissances
que celles du foyer paternel. Les plaisirs du monde le lais-
saient indifférent à leurs attraits, ou du moins il savait se
soustraire à leur servitude, en gardant le calme et la
liberté de son âme. Les avances flatteuses et réitérées
de plusieurs familles orléanaises, qui l'invitaient à leurs
fêtes, durant l'hiver de 1869, et malgré l'autorisation

de sa mère, qui, par prudence, crut devoir l'engager à accepter, crainte de lui rendre à charge l'isolement du Bruel, et plus vif peut-être le besoin des distractions étrangères, il ne céda jamais aux instances qui lui étaient faites ; il trouvait toujours de bonnes raisons pour rester près de ses chers parents. Et un jour, s'expliquant plus nettement sur ce sujet à Mme de Murat, il lui dit enfin : « Je ne veux pas mettre le pied dans le monde sans vous ; mais je vous accompagnerai volontiers, toutes les fois qu'il vous plaira, ainsi qu'à mon père, de m'y présenter. »

Dans les moindres projets de sa jeune imagination, Gaston avait la très-sage habitude de consulter ses parents avant de rien entreprendre, et il aurait cru manquer gravement à son devoir, quand une fois il avait pris conseil, en ne se soumettant pas exactement à la décision qu'il avait reçue. Du reste, on avait au Bruel la précaution de ne jamais s'imposer avec autorité ; le devoir et la raison étaient juges souverains. M. et Mme de Murat n'avaient qu'à exposer simplement leur manière de voir, c'était assez ; « *A ta place, je renoncerais à ce projet,* » disait Mme la comtesse, ou bien : « Je ne voudrais pas tenir ce langage ! — Vous ne feriez pas cela, mère ? reprenait Gaston ; eh bien ! moi non plus : c'est une affaire réglée. » M. de Murat, doué de goût et de facultés qui l'entretenaient dans une vie très-active, et livré le plus ordinairement à des occupations extérieures, avait moins de part, on le comprend, à l'existence paisible et retirée de Gaston. Cependant, il appréciait beaucoup les bonnes qualités de son fils et fondait sur lui ses plus belles espérances ; il aimait sa société, se plaisait à entendre ses

judicieuses réflexions et à les utiliser, afin de lui témoigner plus de confiance. Gaston, de son côté, entourait
son père de tous les égards et de tout le respect qu'exi-
geait la religion. L'affection qui les unissait, moins ex-
pansive et moins intime que celle que Gaston portait
à sa mère, était néanmoins très-grande, invariable, et
accompagnée de toutes les prévenances qu'inspirent à un
cœur très-aimant la pensée de Dieu et une parfaite éducation.

CHAPITRE III.

L'ACTION DIVINE.

Quelle fut la source où Gaston puisait les belles qualités qui le faisaient déjà remarquer vers la fin de ses
études à La Chapelle, mais qui prirent tout à coup un
développement inattendu, à Sainte-Geneviève et durant
les trois dernières années de sa vie? A n'en pas douter, cette source est le cœur même de Jésus-Christ,
dont la bonté se plaisait à former et à enrichir peu à
peu l'ame docile de notre jeune ami.

On ne saurait expliquer autrement cette heureuse
transformation, qui le fit tout à coup apparaître rayon-
nant de foi et de religion. Moins brillant écolier que
plusieurs de ses amis et de ses condisciples, par les
dons qui exposent à l'orgueil et à la présomption, il
leur fut bientôt supérieur à tous sur les autres points.

Et voici à quelle occasion il manifesta pour la première fois, d'une façon digne de remarque, les nobles et chrétiennes dispositions qui l'animaient.

Au printemps de l'année 1869, son frère Arthur, engagé récemment au 8e lanciers, tomba malade à Lyon, où son régiment tenait garnison. On annonça bientôt une pleurésie. Mme de Murat se rendit immédiatement auprès de son cher malade. Gaston, ne sachant comment témoigner efficacement l'amitié qu'il portait à son frère, eut l'heureuse et admirable pensée de demander des prières, et fit lui-même une neuvaine afin d'obtenir sa guérison. La maladie fut longue, compliquée et bien grave; mais enfin elle dut céder : c'est pourquoi la joie et la reconnaissance furent également grandes au Bruel. Vers la fin de l'été, Gaston voulut faire un pèlerinage au sanctuaire de Notre-Dame-de-la-Salette; il y arriva le 7 septembre, veille de la Nativité de la très-sainte Vierge. Son âme, de plus en plus attentive aux inspirations de la grâce, y prêta docilement l'oreille à la grande voix de Dieu. Le vaste spectacle des montagnes ravissait sa riante imagination, et son cœur semblait pénétrer les secrètes beautés du ciel, tant il lui était facile, dans le profond silence de ces hautes solitudes, de rentrer en lui-même et d'admirer, en se connaissant mieux, les œuvres de la miséricorde divine. L'immense étendue de l'horizon plaisait alors d'autant plus à son regard étonné, qu'elle mettait plus de distance entre le monde et la douce félicité qu'il rencontrait loin de ses agitations. Inondé d'affections et de pensées que sanctifiaient les souvenirs qu'il venait honorer en cette glorieuse contrée, il aimait à revenir d'un coup d'aile répandre au Bruel, dans le cœur de sa mère, et ses émotions et ses espérances.

Mais laissons-le faire lui-même le rapide récit de sa pieuse excursion, et la confidence des sentiments dont son âme était remplie.

Les heures fortunées qu'il passa sur la montagne de la Salette s'écoulèrent trop vite, pour qu'il eût le temps de fixer ses impressions sur le papier, selon sa première intention; mais aussitôt qu'il fut redescendu dans la vallée, il se hâta d'envoyer au Bruel une lettre détaillée dont je citerai les lignes suivantes :

« 11 septembre 1869.

« Bien-aimée mère,

« Il me coûterait de tarder plus longtemps à m'entretenir avec vous. Cependant, je passe sous silence les divers incidents de la route, et je gravis d'un seul trait de plume 1,804 mètres. Nous sommes devant l'église de la Salette. Nous y entrons pour prier quelques instants et remercier Dieu de notre heureuse ascension. Notre premier soin, au sortir du saint lieu, est de suivre à genoux le sentier qu'a parcouru la sainte Vierge, tout en parlant aux enfants, et le long duquel on a eu l'heureuse idée d'établir les stations du chemin de la croix. Au retour, nous nous dirigeons vers un bâtiment isolé, à gauche de l'église; nous achetons quelques objets de piété, que je vais déposer sur l'autel de la très-sainte Vierge, et je fais brûler un cierge pour mon cher petit Gontran, et enfin nous nous retirons chacun de notre côté, pour nous préparer à la confession et à la sainte communion du lendemain. »

Le jour de la Nativité de la sainte Vierge, notre cher Gaston eut donc le bonheur de recevoir Notre-Seigneur Jésus-Christ, humblement caché sous les voiles du sacrement de l'Eucharistie. Que se passa-t-il alors dans son âme? quelles paroles le divin Sauveur lui fit-il entendre? Je ne sais. Toujours est-il que les beautés de la vertu, les douceurs secrètes de la piété, un avant-goût de la félicité, céleste, lui apparurent un moment et le ravirent de joie. La Vierge bénie, qui daigna parler aux petits bergers, estimait-elle le cœur de notre jeune ami assez bien préparé et assez fidèle pour lui révéler les attraits du monde invisible de la foi ? On en pourra juger par les réflexions de la fin de sa lettre, qui rendent clairement l'impression dominante de son pèlerinage :

« Vous ne vous figurez pas, bien-aimée mère, quelle atmosphère de piété calme et douce on respire là-haut ! C'est une impression ineffable qui s'empare de vous et vous transforme. Tout le monde se salue; on est affable les uns envers les autres; il semble qu'on ne fait plus qu'une même famille. En un mot, c'est une joie paisible et ravissante qui vous inonde de la félicité la plus complète; on ne se parle qu'à voix basse, pour ne pas déranger ceux qui prient autour de vous. Qu'on est heureux ! J'aurais donné tout au monde pour vous serrer dans mes bras en ce moment. Ne le pouvant pas, je priais du fond du cœur pour vos intentions les plus chères; je demandais à la sainte Mère du Sauveur

de me conserver la mienne aussi longtemps que possible, et de la combler de félicité. »

Pauvre enfant ! il ne savait pas, selon la remarque du
divin Maître, ce qu'il demandait. Dieu veut bien nous
combler de félicité; toutefois, ce n'est pas en ce monde.
Mais laissons-le continuer :

« Je priais pour mes chers frères, pour mon excellente grand'mère et pour mon père. Telles sont les de-
mandes que j'adressai à la sainte Vierge, après ma
communion, le jour de la Nativité, et j'espère qu'elle
aura écouté les vœux de son enfant..... Mais, adieu,
bien chère mère ; je vous embrasse de tout mon cœur,
comme je vous aime.

« Votre GASTON chéri. »

Un de ses anciens condisciples, auquel je lisais
cette lettre, en parut étonné. « Croyez-vous, lui dis-
je, qu'il y ait là un peu de contrefaçon ? — Non, ré-
pondit-il ; Gaston n'a jamais songé à se montrer meilleur qu'il n'était ; dès qu'il a parlé ainsi, certainement
il le pensait. — Mais alors, pourquoi votre étonnement ?
— Ah ! c'est que je ne vois plus ici Gaston d'autre-
fois. — Il a donc bien changé ? — Je ne dirai pas qu'il
a changé ; on reconnaît toujours en lui sa nature ex-
pansive, chrétienne et droite de La Chapelle ; mais elle
a acquis une beauté et une élévation qui dépassent de
beaucoup le degré où se tenait l'écolier. »

Cet éclatant progrès est précisément ce que je voulais
faire remarquer en Gaston, afin d'apprendre à ses amis
et à tous les jeunes gens dignes de l'imiter qu'il n'é-

tait entré en possession de sa liberté que pour mieux avancer dans la voie du bien, de la force et de l'honneur. Il avait compris, dans le plein développement de sa jeunesse, que Dieu a sur notre vie de secrets desseins auxquels non seulement nous ne pouvons pas rester indifférents, mais à l'exécution desquels nous devons au contraire concourir, dans la mesure des lumières et des impulsions de sa grâce, dont la douce activité nous pousse continuellement vers la perfection. Ce feu sacré qui a de bonne heure enflammé le cœur de Gaston, et qui le mena si rapidement vers Dieu, m'explique le succès particulier qu'il obtenait, quand il avait à exposer des questions religieuses. Gaston avait spécialement soigné, à La Chapelle, les analyses de vingt et une conférences que firent, en 1867, M. Empart, professeur de philosophie, et M. Dumontel, chargé des leçons de littérature aux élèves du cours supérieur. Ces conférences contiennent une étude suffisamment complète de l'authenticité, de la véracité, de l'intégrité des livres saints, ainsi que les preuves de la divinité de Jésus-Christ. Chaque professeur corrigeant l'analyse des conférences qu'il avait données, je retrouve en tête des travaux de Gaston des notes très-élogieuses.

Parmi ces nombreuses analyses que j'ai là sous les yeux, la dix-huitième, qui traite des miracles des Apôtres, est un modèle de clarté et d'exactitude de raisonnement. Je sais bien que le mérite de Gaston n'est pas absolu ; il faut d'abord le reporter au conférencier qui a si bien su coordonner l'exposition de ses idées ; mais il est juste de féliciter l'auteur de l'analyse de ce qu'il les a si bien saisies et si fidèlement reproduites. On

sent du reste que ce n'est pas là le travail d'un copiste;
on discerne facilement l'œuvre du maître de celle du
disciple; si d'une part on découvre un enseignement
savant, de l'autre on constate un soin et une applica-
tion qui décèlent à la fois une intelligence sûre des vérités chrétiennes, et le profond respect qu'elles inspirent à son cœur.

CHAPITRE IV.

BONTÉ ET FERMETÉ.

En disant que Gaston était bon, je n'entends pas qu'il avait cette bonté passive et inerte qui se tait et se tient tranquille, même quand le devoir oblige de parler et d'agir; je veux dire que sa bonté était active, réfléchie, dévouée, industrieuse à choisir les moyens de concilier sa conscience et la satisfaction d'autrui.

A son air sincère, naturel, on sentait que, chez lui, les égards et la politesse n'étaient pas une affaire de formes banales et d'étiquette. Ses prévenances étaient remplies d'estime envers ceux à qui il s'adressait; son empressement à leur être agréable était l'effet d'une résolution arrêtée, et sa parole était moins une offre qu'un avis de ce qu'il voulait faire pour obliger. L'amour-propre ou l'indolence ne se serait pas toujours arrangé de cette manière d'agir; mais alors, à côté de l'homme, apparaissait le chrétien, avec sa simplicité, sa patience et son aimable désintéressement.

Près des personnes de distinction, ou qui lui étaient supérieures par l'âge, il conservait un invariable respect. Il ne me souvient pas non plus de l'avoir jamais entendu prononcer une parole railleuse ou plaisante sur les absents, quels que fussent leurs torts ou leurs défauts. Relativement à ses camarades, il continuait à être ce qu'il avait toujours été, gracieux, affable, enjoué et inépuisable en affectueux procédés.

Les étrangers qui fréquentaient le château du Bruel ont été souvent l'objet d'une attention et d'un dévoûment qu'ils ont aimé et admiré, mais dont ils n'ont guère, la plupart du moins, soupçonné le mérite chrétien. Je me rappelle à ce propos un grand amateur de pêche à la ligne, qui ne trouvait rien de charmant comme de se livrer, au bord d'un étang poissonneux, à son plaisir favori ; or, quand il venait, de temps en temps, jouir des heureux instants qu'on savait lui ménager au Bruel, il n'entrait pas dans son esprit que le jour fût assez long, quand on avait à sa disposition de l'eau et des engins de pêche.

Cependant, chose curieuse, notre pêcheur redoutait l'isolement, même sur la rive la mieux fréquentée par le poisson ; il lui fallait donc de la société et une conversation.

Gaston, qui avait pourtant horreur de la ligne et de l'immobilité du pêcheur, savait à ses dépens trancher la difficulté. Aimable, obligeant jusqu'à une entière abnégation, il s'arrachait aux occupations de son goût, et allait gaîment se condamner aux ennuis de la pêche,

et ne la quittait qu'au moment où son voisin, tout hors
de lui-même, laissait tomber la conversation, et ne
voyait plus rien que son liége flottant et tiraillé par les
morsures des plus hardis poissons. Tant que durait le
temps de cette bonne hospitalité, on voyait se renou-
veler chaque jour, et avec une égale simplicité, le même
sacrifice, dans les mêmes circonstances. D'autres fois, sans
que nul se doutât de ses répugnances, il accomplissait
une excursion en société d'un promeneur importun,
acceptait une invitation à la chasse, ou la proposait lui-
même, uniquement dans l'intention de plaire aux
autres et de leur procurer un divertissement auquel il
ne trouvait pour lui-même aucune satisfaction. Sa part,
à lui, la meilleure assurément, était le témoignage de
sa conscience, et la pensée d'avoir rempli un devoir
au prix d'un sacrifice. Cet oubli de soi-même se rencontre de temps en temps, je le sais, chez les hommes
du monde, qui font par politesse et courtoisie ce que
les chrétiens font par charité et par vertu ; mais à l'âge
de Gaston, quand on est exempt de la responsabilité et
des charges d'un maître de maison, agir, comme il le faisait, avec tant de calme, de bonté de cœur et de persé-
vérance, je dis, sans crainte d'être démenti, qu'il faut
posséder en sa volonté un désintéressement et une fermeté dont Dieu seul a le secret, et qu'il communique aux
âmes de son choix, quand elles ont renoncé à vivre
pour elles-mêmes.

A ce sujet, et spécialement quand je voyais Gaston, ces
dernières années, je redisais avec une conviction de plus
en plus profonde : « Si les hommes aiment peu, ce n'est
pas qu'ils manquent de cœur ; c'est que leurs semblables

ne sont pas aimables. » Ceux qui se plaignent le plus du genre humain sont ordinairement ceux qui prennent moins la peine de mériter son affection. Gaston, lui, ne rencontrait partout que des témoignages de bonté et de sympathie; il ne cessait de répéter que tout le monde était aux petits soins pour lui. Il remerciait avec effusion ceux qui le comblaient des effets de leur attachement et les trouvait charmants ; mais il ne s'avisait pas de supposer que ces amabilités personnelles lui attiraient partout les amicales attentions dont il était l'objet. En 1869, quelqu'un de sa parenté lui exprimant une affection à laquelle il ne s'attendait pas, à ce degré du moins, il écrivait à Mme de Murat une lettre où il ne tarissait pas en éloges sur la personne dont il avait conquis l'estime, par les qualités aimables de son cœur.

L'attachement que lui gardaient ses meilleurs amis, si heureux de jouir du charme et de la gaîté de sa société, était également à ses yeux une preuve de la fidélité de leur excellent cœur ; il les en remerciait comme d'un service reçu, et racontait avec bonheur à sa mère leurs prévenances et leurs procédés à son égard. Ceux-ci, de leur côté, ne le possédaient jamais assez longtemps, et l'heure où il quittait leur réunion portait toujours quelque atteinte à l'entrain et à l'agrément de la conversation.

Vers la fin d'août, en 1870, quand il se rendit à Meung, avec une compagnie du 4e bataillon des mobiles du Loiret, ses anciens camarades de La Chapelle, ayant été instruits de sa prochaine arrivée, vinrent promptement au devant de lui, sur la route d'Orléans, et se disputèrent le plaisir de le recevoir chez eux. Mais ce ne fut que lorsque ses hommes furent tous convenablement logés qu'il accepta lui-même l'hospitalité chez M. Bossange.

Dès le lendemain, 27 août, il écrivit au Bruel et racontait toutes les bontés de la famille auprès de laquelle il avait trouvé un accueil si affable et si empressé ; et il fallait absolument, disait-il à sa mère, qu'elle vînt au château de Meung, pour remercier ses hôtes de la cordiale réception qu'il lui avaient faite.

« Tout le monde ici est charmant pour moi, écrivait-il, mais surtout la famille Bossange, chez laquelle la bonté règne en souveraine..... Je serais ravi, si vous veniez me voir. Du reste, quittez bien vite le Bruel... (1). »

Sa courte vie fut un gracieux voyage, où l'amitié, la bonté et l'estime venaient à sa rencontre et l'accueillaient à tous les détours de sa route ; son aménité, les attraits de toute son âme réveillaient l'affection des plus indifférents, et gagnaient leur cœur.

Ces heureuses dispositions adoucirent beaucoup ses souffrances, durant le siége de Paris.

Le général Trochu le combla des marques de sa bienveillance, multipliant pour lui ses paroles les plus élogieuses et les plus encourageantes. De son côté, le général de Miribel, sous le commandement duquel il combattait, professait envers lui la plus cordiale amitié et était heureux de l'avoir à sa table, quand les circonstances le permettaient.

---

(1) Mme de Murat était restée seul au Bruel, avec son plus jeune fils, Goutran. Le second de ses fils, Arthur, était en garnison à Lyon, et M. de Murat était parti pour Paris, où il avait un commandement dans la garde nationale.

Quant à M. et Mme de Fressinet, il en parlait souvent à Mme de Murat, et toujours avec la même gratitude. Cependant, ses jeunes amis, officiers comme lui dans la mobile du Loiret, avaient une part particulière à ses affectueux souvenirs.

« Si vous saviez, écrivait-il de Paris à sa mère, l'amitié qu'on a pour moi ! » Puis, parlant de ses soldats, il ajoutait : « Mes hommes m'aiment beaucoup. » Aussi avait-il une influence prodigieuse sur sa compagnie, qui fut bientôt citée comme modèle, grâce aux soins qu'il en prenait et à l'affection qu'il inspirait à tous ceux qui la composaient.

Ce même attachement se rencontrait dans tous ceux qui connaissaient notre cher Gaston. Les ouvriers qui venaient travailler au Bruel, tous les serviteurs du château, les fermiers de son père, remarquaient sa bonté, en parlaient avec éloge, l'aimaient et le respectaient.

Pourtant, il ne flattait point leurs défauts ; il savait, au besoin, dire la vérité et adresser une observation ; mais son droit était si bien acquis, ses intentions si manifestement bienveillantes, qu'il ne venait à personne l'envie de se plaindre ou de résister. Sa parole était toujours écoutée... Chrétien zélé, il profitait parfois de cet heureux empire qu'il exerçait sur les gens du château, pour les porter à mieux servir Dieu. Ainsi, en 1869, il eut le bonheur de décider tout son monde, sans exception, à recevoir les sacrements, à l'occasion du jubilé, et à remplir ensuite le devoir pascal.

Cependant, cette bonté d'âme n'excluait point l'énergie du caractère. La douceur de l'agneau était, au contraire, bien voisine de la vigueur du lion. Je ne parle pas de

la témérité avec laquelle il bravait le danger , et qui
lui valut, entre autres choses, la fracture d'une jambe
à La Chapelle ; j'entends la force de volonté qui s'emparait de lui, quand il fallait repousser un attentat à la
vérité, à la justice et à l'honneur.

Un jour, dans des circonstances que je ne rappellerai
pas, quelqu'un s'étant permis, en présence de plusieurs
témoins, de prononcer des paroles offensantes pour ses
parents, Gaston se croyant blessé en son honneur de
fils, y répondit, sans oublier, il est vrai, les droits de la
politesse, mais avec une telle fermeté, que personne ne
fut tenté d'ajouter un mot. — Et puis, sans rancune,
quand le silence de tous eut bien établi sa victoire, il
s'adressa au coupable avec une respectueuse bonté, et
lui proposa une promenade, comme si de rien n'eût été.

Une autre fois, au mois d'août 1870, un homme
dont je tairai le nom colportait une pétition à l'effet de
solliciter, à l'entrée de la guerre, le départ de quelques
séminaristes, dont la plupart avaient déjà offert leurs
services aux ambulances ; et pour donner plus de poids
à sa démarche et en assurer le succès, il se disait envoyé par une personne notable de la contrée, qui, pourtant, ne s'était jamais arrêtée à cette mesquine question.
Gaston, instruit de la fraude et des mensonges sous
lesquels se cachait honteusement la pétition indiquée,
la combattit de la façon la plus énergique, et fit entendre à l'auteur de ces déloyales menées des paroles
pleines d'indignation, auxquelles le bons sens et l'équité
du pays donnèrent complètement raison.

Qu'on me permette de citer un dernier trait, où la
cordiale condescendance et l'inflexible droiture de Gas-

ton furent mises à une plus difficile épreuve. Un de ses amis lui avouait, par lettre, une de ces indignités que le monde raconte et excuse avec une criminelle légèreté, mais que Dieu punit en ce monde par la honte, et dans l'autre par de plus graves chatiments. Cette confidence, je le crois, fut un coup de la miséricorde divine, qui voulut ramener un nouveau prodigue, par la main compatissante et forte de l'amitié. En effet, Gaston envoya au coupable une réponse qui produisit les plus heureux fruits. Voici le résumé de ses paroles :

« Malheureux ! ta conduite est infâme... Commence par aller voir un prêtre et t'humilier devant Dieu, dans un sincère aveu de ta scélératesse... Si tu ne reconnais pas la gravité de l'action que tu me racontes, et si tu n'es pas disposé à la réparer par une meilleure vie, je cesserai de t'appeler mon ami... »

La leçon était dure ; mais comme elle était donnée avec une sincère affection, par une âme loyale qui avait le droit de parler haut, elle fut bien reçue, et Gaston, que Dieu inspira certainement en cette occasion, gagna au suprême degré l'estime et le cœur de celui qui essuya ses sévères reproches. Du reste, toutes les fois que l'occasion s'en présentait, même au milieu des réunions bruyantes où il apportait toujours sa bonne part de gaîté, il n'hésitait point à blâmer, avec la même droiture et la même liberté de jugement, ce qui blessait sa conscience.

Cette honnêteté et cette chrétienne franchise de langage, qu'autorisait une conduite invariablement bonne, faisait dire à un de ses intimes amis : *que Gaston n'était pas encore un petit saint, mais qu'il était bien le modèle des meilleurs jeunes gens!...* « Je mettrais ma main au feu, continuait-il, pour attester qu'il ne s'est jamais complu dans ce qu'on peut appeler le mal. Un des plus jeunes de nos réunions, il en était le plus sage ; il nous reprenait parfois, mais nous l'en aimions davantage. Son âge, il est vrai, lui permettait peu d'influence sur nous ; mais en revanche, il n'a jamais dévié de la ligne du devoir, pour nous faire une concession. Sa grande et continuelle gaîté, dont nous étions enchantés, lui avait valu parmi nous l'aimable surnom *d'enfant,* et véritablement, il réalisait tout ce qu'il y a de beau, de bon, de pur et de sincère dans ce mot. »

Ce témoignage, qui ne peut m'être suspect, donne la raison principale de l'air si gracieux et si aimable qui régnait en la personne de notre cher Gaston. Esprit juste, cœur courageux, caractère loyal, il ajoutait en effet à la beauté morale toutes les conditions de la beauté physique ; non pas de cette beauté empruntée par la mollesse et la vanité à des soins affectés et trompeurs, mais de la beauté réelle, qui est à la fois un don de la nature et un fruit de la grâce.

Sa démarche souple et vigoureuse, son teint frais et vermeil qui révélait une parfaite santé, s'alliaient à merveille, avec une physionomie ouverte, un regard plein de bonté et un sourire facile, où s'épanouissait toute la paix de son cœur. Des manières polies, un accent de voix où respirait une grande bienveillance, et un entrain exempt de brusquerie, le rendaient agréable à tout le monde, mais spécialement aux jeunes gens de son âge.

CHAPITRE V.

LA GUERRE.

L'état de la France au moment de la déclaration de
guerre, les causes qui l'avaient préparée et la firent
subitement éclater, devaient forcément amener les dé-
sastres dont nous avons tant souffert.

Cependant, d'un bout à l'autre de notre territoire on
poussa d'abord des cris d'enthousiasme, mais cet élan
fut de courte durée; il cessa bien vite, quand on s'a-
perçut de l'amoindrissement de nos armées.

Sur ces entrefaites, la garde mobile fut convoquée.
Son organisation, abandonnée à son principe devant les
réclamations insensées de l'opposition, qui devait plus
follement encore, après tant d'autres fautes, proclamer
la guerre à outrance, eût peut-être sauvé la France;
mais il fallait que notre infortuné pays fût ruiné et hu-

milié par les égarements de l'Empire et par l'incapacité des révolutionnaires.

Quoi qu'il en soit, les jeunes gens de la mobile partirent généralement de mauvais cœur. Leurs habitudes étaient loin d'être guerrières. Ils sentaient aussi qu'ils n'étaient pas préparés à prendre une part assez honorable aux hostilités déjà commencées. Les officiers, la plupart étrangers au métier de la guerre, inspiraient encore peu de confiance, malgré leurs mérites personnels, et ils ne trouvaient pas toujours dans leurs subordonnés la docilité qu'ils en attendaient. Toutefois, bon nombre de jeunes gens, appartenant à des familles en possession de glorieux souvenirs, saisirent avec empressement l'occasion offerte à leur courage et ceignirent hardiment l'épée anoblie de leurs ancêtres. Parmi eux se distingua bientôt Gaston de Murat, qui entra dans le 4ᵉ bataillon de la mobile du Loiret, en qualité de lieutenant.

Réunis d'abord à Orléans, les mobiles du Loiret, une fois organisés, furent envoyés par détachements dans les différents cantons du département, afin d'éviter les inconvénients d'une trop considérable agglomération d'hommes à loger et à nourrir. La compagnie de Gaston fut destinée à occuper Meung-sur-Loire, et elle y arriva dans les derniers jours du mois d'août.

Je veux maintenant laisser la parole à Gaston, qui raconte lui-même à sa mère, dans un premier essai de journal, son excursion et son séjour à Meung.

27 août. — « A cinq heures, nous partons en silence. A sept heures un quart, nous traversions le Martroi, tambour battant. Nous saluons Jeanne d'Arc en lui demandant de sauver une deuxième fois la France. Arrivés hors de la ville, les chants et les plaisanteries gauloises eurent bientôt ramené la gaîté dans nos rangs. Nous voici déjà au village de Fourneaux, où nous rencontrons deux marchandes de légumes, se prélassant sur des ânes, chargés chacun de deux gros paniers bien remplis. En nous voyant, les deux bêtes, effrayées sans doute de notre air martial, refusent d'avancer, malgré tous les efforts des deux commères. Quelques obligeants mobiles, venant au secours de nos bonnes femmes, épouvantent tellement leurs ânes, qu'ils partent au triple galop, semant sur la route les choux et les navets, au grand désespoir des malheureuses écuyères, qui poussent des cris de détresse. Impossible de peindre les rires qui accompagnèrent cette scène comique.

28 août. — « Le lendemain matin, dimanche, ma troupe est en armes, sur la place de l'église. Après une courte inspection, je fais rompre les rangs, et tous mes braves enfants, sans exception, se rendent spontanément à la messe. Le lundi, à deux heures, nos hommes, le fusil sur l'épaule et la cartouchière garnie, suivent le capitaine à la rive gauche de la Loire, où une cible est installée. Le tir ne fut pas très-glorieux; il constata seulement l'énorme portée des chassepots. Une seule balle avait frappé juste; mais nos mobiles, riches en expédients, font promptement, à la fin de l'exercice, des trous dans la cible et la rapportent triomphalement en ville, aux applaudissements des bons habitants. »

Le 30 et 31 furent marqués par des incidents que je

passe sous silence ; récréatifs, il est vrai, et honorables pour Gaston, leur récit pourrait déplaire à plusieurs autres.

« Le jeudi 1er septembre, continue Gaston, je trouve mes hommes encore très-émus des événements de la veille ; aussi je crus préférable, pour rétablir le calme, d'omettre les manœuvres, et de faire à la place une forte promenade militaire. A la fin de la journée, le soleil, le grand air et la fatigue avaient tout arrangé.

« Peu de jours après, nous rentrons à Orléans, et nous recevons l'ordre de nous tenir prêts à partir pour Paris. En attendant, un journal de la capitale répand niaisement le bruit que les cartouches sont remplies de sable. Le 5e bataillon veut s'en assurer ; le commandant s'y oppose ; des mobiles tirent malgré la défense, et une balle atteignit une femme sur le pont.

« Le lendemain, un ordre du jour du général annonce que tout soldat qui renouvellera la faute de la veille passera en conseil de guerre et sera fusillé. Cette menace eut un plein effet sur les mobiles et rassura les promeneurs. »

Le 8, au soir, en arrivant à Paris, Gaston commença à écrire son journal du siége, et il le continua jusqu'au 4 janvier 1871. Malgré sa brièveté, ce journal est rempli d'intérêt, à cause de la simplicité et de la vérité qui y règnent. On aime d'abord à y suivre le 4e bataillon dans toutes ses marches nombreuses et dans les combats où il fut engagé. Puis il plaît à ceux qui ont aimé Gaston de voir, à travers les longs jours d'épreuves qu'il a subis, comment il a su être tout à la fois officier courageux, fils affectueux et chrétien confiant.

JOURNAL DU SIÉGE DE PARIS.

Septembre.

Le 8. — « Départ d'Orléans. Notre arrivée n'ayant pas été *prévue*, nous bivouaquons autour de la gare de Lyon. Je parviens cependant à passer la nuit dans un wagon. »

Le 9. — « Notre bataillon est logé quartier des Champs-Elysées.

Le 10. — « Nous allons nous installer aux environs du Château-d'Eau. La place est désignée comme lieu de nos réunions. »

A la suite de ces divers mouvements, Gaston écrivait à Mme de Murat réfugiée au Hâvre :

« Mère bien-aimée et chérie,

« Malgré mon vif désir de vous donner plus tôt de mes nouvelles, j'ai dû y renoncer. Le général Trochu nous a passés en revue, et cette *cérémonie* a duré depuis dix heures du matin jusqu'à trois heures de l'après-midi. Nous avons réuni nos hommes au Château-d'Eau, et de là nous nous sommes rendus, par le boulevard Sébas-

topol et les quais, jusqu'à l'Arc-de-Triomphe. Nous
avons ramené nos troupes au point de départ, en descendant tous les boulevards. Nous étions tout blancs de
poussière ; le nuage que les hommes soulevaient dans
leur marche était si épais, qu'il eût été impossible de
voir à trente pas devant soi ; ces infortunés n'en pou-
vaient plus. J'étais aussi exténué de fatigue. Trochu a
serré la main à M. de Fressinet, en le félicitant de la
tenue des mobiles du Loiret.

« Tout le long du trajet, nous avons été acclamés par
la foule qui criait : *Vive la mobile !* De temps à autre,
on entendait percer une voix avinée, qui criait : *Vive
la République !* »

« Vous faire une idée de l'encombrement qui règne
ces jours-ci est impossible. On rencontre à chaque instant d'immenses troupeaux de bœufs, qui descendent les
boulevards en mugissant ; après viennent les moutons,
suivis d'énormes convois de grains et de fourrages, mêlés
aux trains d'artilleurs, aux obus et aux fourgons. Puis
partout des troupes manœuvrent, troupes de ligne,
gardes nationaux, gardes mobiles, éclaireurs de la Seine,
francs-tireurs, amis de la France.

« Adieu, mère chérie ! Protégé par le bras de Marie, je
reviendrai bientôt dans les vôtres. Ayez confiance et ne
vous tourmentez pas. Adieu, je vous embrasse de tout
cœur, comme je vous aime ; embrassez bien pour moi
mon cher petit Gontran.

« Votre GASTON. »

« P.-S. — Merci de votre lettre ; elle m'a causé la joie
la plus vive. Hâtez-vous de vous remettre ; il me tarde

d'apprendre que vous allez bien. Soignez-vous beaucoup, et que je sois sans inquiétude sur votre chère santé. Mes meilleurs souvenirs à ma tante et à mon oncle.

« Adieu. »

Le 16. — « La cour du Louvre est désignée pour les réunions de notre bataillon. Nos hommes reçoivent peu à peu leur *outillage.* »

Dans l'après-midi, M. de Murat écrivait à Mme la comtesse. Gaston ajouta à sa lettre ces quelques lignes pour sa mère :

« Mère bien-aimée et chérie,

« Je suis tellement pris qu'il m'a été impossible de vous écrire hier; encore aujourd'hui n'est-ce qu'en courant que je puis m'entretenir un instant avec vous. Nous *allons partir* d'un moment à l'autre, pour camper à *la Villette*, dans les environs de Pantin, et près du fort d'Aubervilliers. Je suis bien un peu fatigué; mais ce n'est rien, soyez sans inquiétude.... Écrivez-moi, je vous prie.

« Je vous embrasse de tout cœur comme je vous aime, avec mon cher petit Gontran.

« Si vous alliez en Dauphiné, vous seriez avec Arthur, qui, j'espère, ne sera pas obligé de partir.

« Adieu, une dernière fois.

« Votre cher GASTON. »

« P.-S. — Le commandant m'a complimenté, devant la compagnie, sur mon activité. »

Or, pendant qu'on remplissait Paris d'engins de guerre et de provisions de bouche, les Prussiens en approchaient à petites journées, et semblaient donner aux révolutionnaires le temps de leur ouvrir les portes, que les mobiles étaient venus défendre.

Le gouvernement provisoire, qui avait usurpé la direction des affaires et assumait la responsabilité de la continuation de la guerre, eut bientôt à compter avec les passions qu'il avait flattées jusque-là. Derrière les héros du 4 septembre se dressaient les tribuns de l'Internationale, et, conformément à leur mot d'ordre, les gardes nationaux et les gardes mobiles sollicitèrent ou furent sensés demander le droit de nommer eux-mêmes leurs officiers. Gaston, jugeant toutes les mesures politiques du moment avec la loyauté de ses propres pensées, ne soupçonnait point d'abord le ressort caché qui forçait la main de Trochu.

Le 17. — « Heureuse inspiration du gouvernement provisoire ! écrit-il avec ironie ; après avoir été revêtus de l'autorité militaire, on nous soumet à l'examen et jugement de nos hommes. Je m'attends aux résultats les plus désastreux, qui ne peuvent manquer de suivre une semblable mesure. »

Dieu, en le rappelant à lui, épargna à Gaston la douleur de voir plus tard, à la tête de la garde nationale, quelques-uns des hommes qui dirigèrent les infâmes rébellions de la Commune. En attendant les élections annoncées, il écrivit la lettre suivante à sa mère :

« Mère bien-aimée et chérie,

« Je suis désolé de vous savoir si inquiète. Soyez bien persuadée que toutes les fois que j'aurai une seconde, je vous la consacrerai. Vous ne pouvez pas vous imaginer le bouleversement qui règne ici en ce moment.

« J'étais de garde, hier samedi, à la Villette, au 3ᵉ secteur, bastions 35 et 36, et j'ai dû passer toute la journée et toute la nuit à me promener sur le rempart, veillant à ce que les sentinelles fissent bien leur service.....

« Je pensais pouvoir me reposer demain, mais on vient de nous apporter à l'instant l'ordre de repartir, à sept heures du matin, pour être de grand'garde, pendant la journée et la nuit suivante, à Montmartre. Je reviens de dire adieu à mon père, à l'état-major, et j'achève ma soirée en vous écrivant ces quelques lignes.

« Voici une nouvelle. — On remet à l'élection tous les chefs dans la mobile. Je suis sûr de conserver mon grade; mais nous sommes tous irrités de cette mesure, qui est sans précédent et ne rend à rien de moins qu'à renverser toute hiérarchie. J'ai déclaré à mes hommes, disposés à me nommer capitaine, que je refuserais tout avancement venu de leur part. Cela est l'œuvre de la canaille de Paris qui travaille nos hommes.

« Que je plains notre pauvre France! Adieu, mère bien-aimée et chérie; je vous embrasse bien tendrement

du fond du cœur, comme je vous aime. Soyez sans
crainte pour moi : Dieu et la sainte Vierge veillent sur
votre enfant. Adieu.

« Votre cher GASTON. »

Oui, pauvre enfant! Dieu et la sainte Mère du Sauveur veillaient sur vous ; mais ils veillaient comme sur
un de leurs élus, vous préservant du mal, vous prépa-
rant pour l'heure du sacrifice, et vous destinant à être
une victime d'expiation pour les fautes de notre infor-
tunée patrie.

La lettre précédente remplit la date du 18; ce jour-
là est omis dans le journal de Gaston.

Le lendemain 19, il poursuivait ainsi :

« Le capitaine C*** n'a pas été élu, malgré tous nos
efforts.... Ma compagnie s'est mieux comportée. Cependant, malgré ma défense formelle, mes hommes
m'avaient donné quarante voix pour être capitaine.
Quand est venu mon tour, j'ai été nommé lieutenant à
l'unanimité.

« Ces opérations terminées, nous partons pour Cli-
gnancourt, où nous monterons la garde sous les buttes
de Montmartre; c'est le secteur que nous sommes ap-
pelés à défendre, et qui est commandé, je crois, par le
général de Beaufort. »

Le 20. — « Quelle nuit je viens de passer! Quels êtres
insupportables que ces gardes nationaux! N'ayant pas
d'abri, je demandai asile aux officiers de la garde nationale; on ne me l'accorde qu'en maugréant, et encore
quel gîte me donne-t-on!... une botte de paille ayant

déjà servi, jetée dans une chambre qui n'a plus ni portes, ni fenêtres ; j'y suis transi de froid.

« Pour comble de bonheur, à chaque instant, un caporal amène au capitaine un homme de la garde nationale ivre ou récalcitrant. Le chef lui fait un discours patriotique en cherchant à le désarmer... Quelles troupes !... Elles se croient le boulevard de la France. Chanter, crier et boire, voilà néanmoins, pour le moment, leur principale occupation. Ces nationaux s'exercent encore à faire crier : *Vive la République !* par nos hommes, qui gardent le silence la plupart ; ils vont même jusqu'à proposer la même réjouissance aux officiers, mais nous passons sans leur répondre. La plus grande réserve nous est recommandée vis-à-vis d'eux ; on craint une collision. »

Le 21. — « Grande joie parmi nos mobiles ! on distribue des chassepots. »

Le 23. — « On a entendu la canonnade du côté de Montrouge, toute la matinée ; nous avons été consignés jusqu'à deux heures de l'après-midi. »

Le 24. — « Voici enfin une mission sérieuse qui nous est confiée. Notre 37e est incorporé dans l'armée active, et fera partie du 13e corps... Nous venons d'installer notre campement sous la redoute de la Faisanderie, à l'extrémité du champ de course de Vincennes. Des chasseurs d'Afrique campent près de nous, avec des lanciers, dont la vue donne d'abord à mon cœur une vive joie, car je viens de reconnaître qu'ils sont du

8ᵉ, et je pense y retrouver mon frère. Mais, hélas! vain espoir ! le régiment se compose de quelques échappés de Sedan et d'une quantité de recrues... Quoi qu'il en soit, notre position est très-forte, et je doute que les Prussiens viennent nous y attaquer.

« Surpris par la rapidité de notre départ, je n'ai pas eu le temps de me munir de mon campement. Plusieurs partageant mon infortune, nous allons établir nos nocturnes pénates dans des cabanes en bois, ouvertes aux quatre vents. »

De cette pauvre cabane de Vincennes, Gaston écrivait, le 25 septembre, la lettre suivante au crayon :

« Mère bien-aimée et chérie,

« J'apprends, à l'instant, que les communications sont rétablies avec Orléans, et je me hâte d'en profiter. Hier, nous avons été réveillés au milieu de la nuit, pour aller à Vincennes, où nous sommes arrivés assez fatigués ; mais la nuit que nous venons de passer sous la tente a suffi pour me reposer entièrement. En arrivant ici, j'ai eu un moment de joie, qui n'a été malheureusement que de courte durée ; j'espérais rencontrer Arthur, mais l'on m'a dit qu'il n'y avait ici aucun des soldats de l'armée de Lyon. J'espère que vous avez des nouvelles de ce cher frère et que vous avez reçu mes petits mots. Pour moi, voilà dix grands jours que je ne sais rien de vous, mère bien-aimée, ni du reste de ma famille.

« Jeudi, j'ai dîné avec mon père et l'amiral du Quilio. Mon père est très-satisfait des fonctions qu'on lui a confiées ; quant au danger qu'il court, je vous en prie, mère bien-aimée, soyez sans inquiétude. Je suis allé hier à Bicêtre, avec le commandant et le général Trochu, qui ont été charmants pour moi.

« Vous ne pouvez pas vous imaginer la joyeuse vie que nous menons provisoirement ici. Nous faisons nous-mêmes notre cuisine, et nos hommes nous ont apporté ce matin deux lièvres, une perdrix et deux lapins, qu'ils ont pris à la course. C'est curieux de voir tout le bataillon courant dans les éclaircies du bois qui avoisine le champ de course.

« Avant-hier, un canonnier de marine a tué, au second coup de canon, une sentinelle ennemie qui montait la garde à 2,000 mètres.

« Adieu, mère bien-aimée ; je vous embrasse de tout cœur, ainsi que mon petit Gontran.

« Votre GASTON chéri. »

On ne dirait pas ces lettres écrites par un officier exposé aux mortels périls des batailles. La simplicité et la juvénile insouciance de son langage ne laissent pas soupçonner la moindre crainte de la mort. Sa confiance en Dieu et la paix de sa conscience lui donnent une tranquillité parfaite ; les épreuves de la vie militaire, les fatigues et les privations ne troublent en rien non plus la liberté de son esprit et de son cœur.

Après cette lettre, la dernière qu'il pourra expédier par la poste, Gaston reprend gaîment son journal, destiné à rappeler à sa mère l'emploi de chacune de ses journées, et dans lequel il consignera çà et là ses souvenirs et ses observations.

Le 25. — « Je viens d'être témoin de l'extrême précision du tir des canonniers de marine. Depuis une demi-heure, j'examinais avec une longue vue les travaux qu'exécutaient une centaine de Prussiens, à quatre ou cinq kilomètres de nous, et je m'étonnais de l'inaction du fort ; mais l'ouvrage une fois terminé, trois obus suffisent à le détruire. »

Le 26. — « Nos hommes s'évertuent à embellir le camp. Ils improvisent de tous côtés des bosquets, construisent des bancs et des tables. Cependant, une compagnie du 3ᵉ bataillon, qui était de grand'garde durant la nuit, de l'autre côté de la Marne, s'imaginant voir dans les arbres et les cheminées autant d'ennemis, ne leur épargne pas les coups de fusil. Les généraux sont irrités contre nous et viennent de faire lire un ordre fulminant. En même temps, ils rappellent les lois militaires sur le maraudage, que nos *moblots* pratiquent sur une trop grande échelle. »

Le calme laissé à l'armée assiégée était le signe avant-coureur d'un prochain orage. Les Prussiens prenaient peu à peu position autour de Paris, et se préparaient à resserrer bientôt le cercle de fer dans lequel ils enfermaient lentement la capitale et ses défenseurs. Gaston profitait de ces courts instants de répit pour exercer ses hommes et écrire des lettres.

Le 28. — « Journée de lettres. J'ai écrit à tout le monde. Hélas ! voilà près de douze jours que je n'ai

reçu de nouvelles des miens. C'est trop long. Enfin !
heureusement que je n'ai pas lieu d'être inquiet de leur
sort ; je les crois en sûreté. »

Mais au moment où Gaston laissait aller ses pensées
au souffle persévérant de ses affections, les événements
se préparaient à y apporter une pénible diversion.
L'heure des combats approchait.

Le 29. — « A cinq heures du matin, tout le camp
est en l'air. Les tentes sont pliées, les couvertures rou-
lées sur le sac de nos hommes. Nous allons camper au
milieu du bois de Vincennes, où nos troupes doivent
se faire une place, la hache à la main, pour établir
leur modeste campement... Ma tente est établie au milieu de ma compagnie, sous un épais taillis, qui nous
préserve un peu du soleil pendant le jour, et de la
froide rosée pendant la nuit.

« Le commandant a élu domicile dans une villa abandonnée, propriété d'une famille prussienne ; nous y pre-
nons nos repas avec lui. Nous faisons d'ailleurs très-
maigre chère. On parle déjà de nous donner du cheval. »

Le 30. — « Combat de Villejuif. Je reviens harassé
de fatigue et mourant de faim. Il est cinq heures, et
nous avons quitté hier notre campement à six heures
du soir. Nous allions nous mettre à table, quand arrive
un officier à cheval qui remet une dépêche au commandant. Il faut partir immédiatement ; cinq minutes après,
nous étions en marche ; à deux heures du matin, nous
arrivons à Ivry ; nous faisons halte sur la route, où

chacun tâche de se reposer. A quatre heures, le clairon sonne, et nous reprenons en silence notre mouvement en avant. Aux premières lueurs du jour, nous gravissions, dans le plus profond silence, les coteaux de Villejuif, par des chemins creux et couverts d'arbres. Je me souviendrai longtemps de la gravité et de la solennité qu'avait cette marche silencieuse de nos troupes, encore incertaines du sort qui les attendait. A six heures un quart, nous atteignîmes la redoute, et le feu des batteries françaises commençait en même temps sur Choisy. On nous plaça, comme corps de réserve, au centre même de la redoute, d'où nous voyions défiler les régiments qui se rendaient sur le théâtre du combat. Dès huit heures, la fusillade était engagée sur toute la ligne.

« Je n'avais jamais si bien compris combien il est difficile, tout en étant au milieu d'une bataille, de se rendre compte de ses différentes phases. Je ne croyais l'action engagée que sur le point où nous étions, tandis qu'elle avait une étendue considérable. La ligne prussienne me parut un instant coupée. En face de nous, le feu avait cessé ; on n'entendait plus la fusillade qu'à droite et à gauche. A ce moment, le 3e bataillon du Loiret fut porté à 500 mètres en avant de la redoute. Peu à peu la fusillade se ralentit ; le canon gronda à de plus longs intervalles ; les mitrailleuses cessèrent de remplir l'air de leurs déchirantes et effroyables décharges, puis bientôt nous vîmes les troupes se replier sur Villejuif. Cependant, le général Vinoy, en ordonnant la retraite, l'avait fait protéger par une batterie, prête à marcher en cas de besoin, et nous fûmes chargés de l'appuyer. On nous confiait un poste d'honneur ; malheureusement, au lieu d'avancer, il nous fallut reprendre le chemin qui reconduisait à nos campements de la veille. Nous y arrivâmes épuisés de fatigue, couverts de poussière, mais les mains vides de lauriers. Espérons que notre tour viendra bientôt. »

Le lendemain de cet inutile combat, où l'armée française montra pourtant beaucoup de valeur, Gaston envoyait par un ballon ces quelques lignes à sa mère :

« 1er octobre.

« Mère bien-aimée et chérie,

« Je me porte à merveille ; ainsi, pas d'inquiétude, je vous en prie. Nous avons attaqué l'ennemi ce matin. Mon bataillon n'a subi aucune perte, mais il y a beaucoup de monde hors de combat des deux côtés. Toutefois, s'il y a excédent, il est pour la Prusse. Adieu, mère bien-aimée ; je vous embrasse de tout cœur comme je vous aime, avec mon petit Gontran.

« GASTON. »

Le 1er octobre et les jours suivants furent employés à reposer les troupes et à les exercer au maniement des armes.

Le 4. — « Grand déboire, écrivait Gaston ; rien à se mettre sous la dent ; nous tâchons d'oublier la faim en chantant. »

Le 5. — « Nous partons dès six heures pour travailler à la redoute de Joinville ; mais on oublie de nous tracer notre itinéraire. Député vers le lieutenant-colonel, pour avoir des renseignements, je suis mal reçu... Enfin, tant il y a que nous arrivons à Joinville après avoir fait le double de chemin, et nous sommes obligés de repartir en laissant notre soupe inachevée. »

Le 7. — « On me charge du commandement de la 6e compagnie. »

Le 9. — « Nous recevons l'ordre de nous rendre à Maisons-Alfort. Cette nouvelle est mal accueillie. Cependant nos hommes, d'abord désespérés, se résignent. Pour nos logements, on nous charge de recourir au maire de l'endroit, quand tout le monde a déjà quitté le pays. »

Le 10. — « Nous partons par une pluie battante ; nous nous installons de notre mieux. Je me loge dans un couvent abandonné. Nos hommes sont encore une fois contents. Le soldat se console vite. »

Le 11. — « Nos tribulations recommencent. Une fausse alerte nous prive de déjeûner. »

Le 12. — « Nous faisons des travaux de défense. »

Le 13. — « Les travaux se continuent avec acharnement ; nous sommes complimentés par les officiers du génie. »

Le 14. — « L'ennemi vient nous surprendre et nous

oblige une deuxième fois à une matinée de jeûne. Je reçois la bonne visite de mon père. »

Le 15. — « Pour éviter une nouvelle surprise, je suis envoyé en patrouille avec mes hommes ; ils sont furieux de ne rencontrer personne. Pourtant nous allons jusqu'à la ferme des Mèches.

« Dans la soirée, notre commandant nous amène un aumônier ; nous le recevons à bras ouverts. A dix heures du soir, je reçois l'ordre d'aller le lendemain avec ma compagnie à Créteil, protéger un convoi de quatre-vingts voitures de grain.

Le 17. — « Je fais prisonnier le baron de S***. »

Je laisserai raconter ici à M. le comte de Murat le succès avec lequel son fils s'acquitta de la mission qu'on venait de lui confier. Voici ce qu'il écrivit à Mme la comtesse, le 19 octobre :

« Chère amie, je suis heureux de te donner des nouvelles de notre cher Gaston. Ce cher enfant a été mis récemment à l'ordre du jour et présenté par le baron Fressinet au général Trochu. Voici à quelle occasion :

« Dimanche dernier, ayant été commandé avec sa compagnie pour escorter un convoi de fourrages qu'on devait ramener de Créteil, village occupé par les Prussiens, Gaston et sa troupe furent accueillis à coups de fusil en arrivant aux premières maisons. La lutte, engagée vigoureusement des deux côtés, finit bientôt par la fuite des ennemis, qui laissent trois morts, six blessés et quelques prisonniers.

« Quant à Gaston, après avoir échappé à une balle

tirée presque à bout portant, il saisit le fusil d'un de ses hommes et tue le maladroit Prussien qui l'avait manqué. Sauvé par la Providence de ce grave péril, il revient d'abord à son campement et ramène à Paris ses prisonniers. Le général Trochu lui a vivement serré la main, en lui adressant de chaleureuses félicitations. Tu dois penser, chère amie, combien je suis charmé de cette belle conduite, qui a valu de plus à Gaston l'honneur de dîner au quartier-général. L'amiral du Quilio l'a fait mettre à table à ses côtés, et l'a beaucoup questionné. Les autres officiers supérieurs ont aussi été très-aimables pour notre cher Gaston et m'en ont dit des choses très-élogieuses.....

« Moins poète qu'Horace, mais aussi plus brave, un des prisonniers de Gaston essaya, dans quelques vers allemands, de dire la reconnaissance que lui inspiraient les bontés dont il était l'objet. Voici la traduction, à peu près mot à mot, de l'essai poétique de notre rêveur d'outre-Rhin :

« Loin de tout ce que j'aime, dans ce beau pays de
« France, je fus retenu prisonnier. Au lieu de la cruauté
« dont on m'avait tant menacé, je trouve l'accueil d'une
« bonne table et d'un vin toujours suffisant à ma soif.

« De ma prison de Paris, M...., je vous envoie ces
« lignes de reconnaissance. Merci pareillement à vous,
« excellent Monsieur, qui m'avez si bien traité. Un guer-
« rier allemand vous adresse ce chant en remercîment
« de vos bontés.

« J'étais souffrant lorsque je fus fait prisonnier, e
« vous m'avez fait rendre la santé ; c'est pourquoi je vous
« ai dédié ce poème.   « Baron de S***. »

Indépendamment des soins dont le baron de S*** se montrait reconnaissant, Gaston poussa les égards et la bonté jusqu'à lui rendre visite, et s'assurer s'il avait à se plaindre de sa captivité; il en reçut la réponse la plus satisfaisante, comme il le raconte à sa mère dans la lettre suivante.

« Paris, 25 octobre 1870.

« Mère bien aimée et chérie,

« Me voici de nouveau avec vous, pour quelques courts instants. Quand donc pourrai-je me jeter dans vos bras?...

« Quelle horrible situation que celle de la France en ce moment ! J'espère, mère bien-aimée, que vous avez des nouvelles de ce cher Arthur. Pour moi, je ne puis vous dire combien le silence de tout ce que j'ai de cher ici-bas me pèse. Pour le supporter, il ne faut rien de moins que la vie agitée que nous menons. Nos nouveaux messagers aériens doivent bien vous apporter, sinon toujours, du moins de temps à autre, des nouvelles de vos enfants qui ne vivent que pour vous. Le général Trochu étant ravi de mon petit fait d'armes de l'autre jour, permet qu'on joigne cette lettre aux dépêches du gouvernement; j'espère donc qu'elle vous arrivera.

« Mon prisonnier, dont mon père a dû vous parler, est ravi de son sort. Il n'entend pas qu'on l'appelle Prussien. Je ne veux pas non plus que vous soyez inquiète de ma santé. Jamais je ne me suis mieux porté; tout le monde me fait compliment de ma bonne mine. De tous les officiers, je suis le seul qui n'ait pas été indisposé, pendant les trois semaines que nous venons de passser sous la tente par le vent et la pluie.

« L'esprit de nos hommes est excellent; ils désirent vivement une bataille. Vous ne vous figurez pas, bonne mère, leur attachement pour moi.....

«. Quand donc, mère bien-aimée, pourrai-je avoir de vos nouvelles ? En attendant cet heureux moment, je vous embrasse de tout cœur. Embrassez pour moi votre cher petit Gontran. Dites aussi à ce cher Arthur, si vous pouvez lui écrire, que je l'embrasse de tout mon cœur. Une dernière fois, adieu.

« GASTON. »

En ce moment se préparait la malheureuse affaire du Bourget, qui eut lieu le 28 et 29, puis le misérable coup des émeutiers, le 30 et le 31 octobre.

Le 30, à trois heures, le 4ᵉ bataillon du Loiret arrivait au Louvre, et en repartait à quatre heures et demie le lendemain matin, par une pluie battante. Le 31, ces pauvres mobiles furent consignés toute la journée à la caserne du Prince-Eugène, sans se douter de la gravité des événements.

Le 28, dans une grande réunion, Ledru-Rollin employait les dernières forces de sa vieillesse à faire proclamer la Commune, et les Parisiens insensés répétaient le lendemain : *Il nous faut la Commune.* Les criminels journalistes soufflaient la flamme révolutionnaire sur les boulevards, et voici que l'incendie s'allume.

L'échec du Bourget et la reddition de Metz avaient

été le prétexte de cette brusque révolution ; trois jours avant, Paris ne s'en doutait nullement. Les meneurs seuls y songeaient en épiant le moment propice. Ceci explique comment Gaston trouvait Paris si tranquille, à la veille d'un coup d'État qu'il ne soupçonnait pas encore en écrivant, le 30 octobre, la lettre suivante :

« Mère bien-aimée et chérie,

« Que je serais donc heureux, si vous pouviez me faire arriver, de là-bas, un petit mot ! Vous me diriez seulement si vous vous portez bien... Je ne me sens pas de joie, en pensant que je pourrai obtenir de vos nouvelles.

« Nous sommes toujours à Paris, où nous nous reposons de nos durs travaux. Tout le monde est plein d'attentions pour moi ; M. et Mme de Fressinet sont spécialement d'une bonté sans égale.

« On vient de me rendre l'ordre du jour où j'étais cité à toute l'armée ; ce sera pour moi un précieux souvenir...

« Paris est d'une tranquillité parfaite. Nous n'avons qu'une seule pensée : repousser l'ennemi. Nos braves mobiles sont devenus d'intrépides soldats ; tout le monde se plaît à admirer leur courage et leur bonne tenue. Quant aux francs-tireurs et aux gardes nationaux....

« Adieu, mère bien-aimée et chérie ; je vous embrasse de tout cœur, comme je vous aime. Embrassez bien pour moi mon petit Gontran chéri. Avez-vous des nouvelles de ce cher Arthur ?..... Adieu, encore une fois ;

je vous quitte pour aller entendre la messe. Adieu, et ayez bon espoir.

« Votre GASTON bien-aimé. »

A peine Gaston avait-il écrit cette lettre, où il aurait voulu répandre son cœur tout plein de tendresse et de généreuse amitié envers sa famille, dont la pensée l'occupe sans cesse, et spécialement quand il a le bonheur de se trouver auprès de Dieu, qu'il écrivit encore les lignes suivantes à sa mère :

« 5 novembre.

« Mère bien-aimée et chérie,

« J'apprends à l'instant qu'il part demain un ballon, et je n'ai pas le courage de le laisser partir sans le charger de vous porter mes filiales tendresses. Comme je vous le disais dans une de mes lettres, je ne puis me consoler d'avoir été séparé de vous le jour de votre fête. Avant-hier, j'ai profité du peu de repos que nous laissent les factieux pour aller déposer ma prière sur le tombeau de ma grand'mère, prière bien courte, hélas ! mais qui lui disait que son souvenir était toujours vivant dans le cœur de son petit-fils.

« Le calme se rétablit ici, et la garde mobile du Loiret a reçu les compliments de tous pour son excellente tenue dans ces derniers jours.... Adieu, mère bien-aimée ; recevez les respectueuses tendresses de votre Gaston, qui se porte à merveille. Je vous embrasse de tout cœur, en attendant l'heureux moment du revoir. Espérons qu'il viendra bientôt ! Encore une fois, adieu.

« GASTON. »

Du 1ᵉʳ au 10 novembre, le 4ᵉ bataillon fut consigné dans son quartier. « Le 10, continue Gaston, nous recevons l'ordre de partir pour Asnières ; durant les préparatifs, je vais faire une station à Notre-Dame-des-Victoires. En allant, je rencontre mon père, mais je ne puis lui dire adieu. »

Le séjour de Gaston à Asnières ne fut que de quelques jours, mais il mérite de rester gravé dans le souvenir de ses amis :

« Asnières, le 17 novembre 1870.

« Mère bien-aimée et chérie,

« Vous ne pouvez vous imaginer combien je souffre d'être complètement privé de vos nouvelles. Quand je suis avec mes amis, ma douleur sommeille ; mais dès que je suis seul, elle se réveille plus vive que jamais. Hier, j'étais tellement désolé que je me suis pris à pleurer, et n'y tenant plus, je suis parti pour Paris, où j'ai prié longtemps à Notre-Dame-des-Victoires, puis je me suis confessé. De retour au milieu de mon bataillon qui ne soupçonnait pas mon absence, je me suis roulé dans ma couverture, et j'ai pu dormir, ce qui ne m'était pas arrivé depuis longtemps. Vos souffrances, mère bien-aimée, me sont plus pénibles que tous les maux que j'endure; quand je pense à vos inquiétudes, je n'ai plus de repos.

« Enfin!.. prions la sainte Vierge; elle intercèdera pour nous auprès de notre divin Maître, car lui seul pourra réparer le mal que les hommes ont accompli...

« Notre vie, mère bien-aimée, est toujours très-occupée, mais nous n'échangeons pas un coup de fusil. Quand donc sortirons-nous de cette situation? Je brûle de chasser les Prussiens du sol de la France, d'autant plus qu'ils me séparent de vous.

« Malgré tout, ma santé est bonne. Presque tous les officiers ont été souffrants ; seul votre Gaston se porte à merveille. Tâchez donc, je vous en prie, mère bien-aimée, de me faire parvenir de vos nouvelles ; un mot suffirait pour me tranquilliser.... J'espère que vous recevez des nouvelles de ce cher Arthur. Quant à moi, je ne sais rien de personne. Adieu, mère bien-aimée; je vous embrasse de tout cœur, comme je vous aime, ainsi que mon cher petit Gontran. Adieu; prions le Seigneur que nous nous revoyons bientôt.

« Votre cher GASTON. »

De ce jour jusqu'au 29, les divers corps ne firent que des marches et contre-marches. Les mobiles du Loiret passèrent d'Asnières à Vincennes, et de ce premier campement ils gagnèrent Fontenay-sous-Bois. C'est là qu'à deux heures du matin, le 29, ils reçurent l'ordre de se préparer au combat. En même temps, on affichait sur les murs de Paris une proclamation de

Ducrot, qui s'écriait : « Je ne rentrerai dans Paris que mort ou victorieux. »

Gaston tressaillit d'ardeur quand son régiment se mit en marche vers le plateau de Tremblay. Son cœur, si accessible aux tendres émotions de l'amitié, se passionnait aussi pour les combats ; il semblait qu'un souffle divin lui communiquait tout à coup les vertus d'un vaillant guerrier. Le calme, le mépris du danger, une confiance poussée jusqu'à la témérité, un commandement qui donnait au soldat la bravoure et l'obéissance, en un mot toutes les qualités qui enfantent l'héroïsme, lui étaient aussi familières et naturelles que ses gracieuses amabilités pour sa mère.

Pendant que le général Vinoy attaquait les Prussiens au sud de Paris et s'emparait de leurs positions, en leur faisant subir des pertes énormes, le général Ducrot, aidé des renforts amenés par le général d'Exéa, s'installait sur le plateau de Villiers. En face, près de Champigny, à l'ouverture du fer à cheval tracé par la Marne, plusieurs régiments et la mobile du Loiret soutenaient le choc d'une autre armée allemande.

Le combat fut terrible sur toute la ligne.

Durant les jours suivants, Gaston devient avare de détails ; c'est à peine s'il indique l'ordre de la journée. Il ne mentionne pas même sa belle conduite à Champigny et la récompense dont il fut honoré. C'est pourquoi je rapporterai ici un passage d'une lettre de son père à Mme de Murat :

« Paris, vendredi 9 décembre 1870.

        « Ma bien chère Ida,

    « Gaston est venu hier me rendre visite à l'état-major; ne m'ayant pas trouvé, il m'a laissé un petit mot par lequel il m'apprend qu'il a été nommé capitaine sur le champ de bataille, après la journée de Champigny. Ta joie, je n'en doute pas, sera aussi grande que la mienne en cette circonstance. Que ne sommes-nous réunis pour fêter les galons de ce cher Gaston! J'espère le voir aujourd'hui, l'embrasser pour toi, et lui exprimer nos plus affectueuses félicitations..... »

    Le 8 décembre. — Gaston reprend ici son journal.
    « Le colonel devait nous passer en revue, mais il neige à plein temps. La revue est impossible. »

    Le 9. — « Il neige toujours. Je souffre beaucoup d'une jambe. Comme nos hommes sont au repos, je passe la journée près du feu. »

    Le 10. — « Le colonel réunit chez lui les officiers. J'obtiens la permission d'aller voir mon père à Paris. »

    Le 11. — « Dimanche. Je vais à la messe d'assez bonne heure. Je fais la connaissance de M. de Miribel, notre général de brigade. Je suis enchanté de son bon accueil. Dans l'après-midi, j'ai le bonheur de recevoir mon père. Je lui apprends que mon ordonnance, si complaisant et si dévoué pour moi, est à l'hôpital. »

Le 12. — « Le mauvais temps qui continue et le verglas qui s'y mêle ne nous permettent pas l'exercice. Je profite de ce repos forcé pour soigner ma jambe. Cette journée, qui promettait de finir aussi tristement qu'elle avait commencé, me procure l'honneur d'une invitation à dîner chez M. de Miribel. »

Le 13. — « Je suis officiellement nommé capitaine. La joie que me cause cette promotion est un peu troublée par l'obligation où je suis de disculper mon bataillon, faussement accusé d'avoir volé du vin. Malgré tous mes efforts et mes excellentes preuves, mes hommes et moi sommes privés de toute permission. A la fin, cependant, on fait réparation d'honneur à ma compagnie. »

Le 14. — « J'obtiens du colonel, qui nous a réunis, l'autorisation d'aller à Paris, où je passe la journée. Je déjeûne avec mon père à l'état-major de la garde nationale. Dans l'après-midi, je fais plusieurs courses, puis je vais à Notre-Dame-des-Victoires. En sortant, j'ai voulu voir H. de Cambray; mais le pauvre enfant est tellement souffrant que je ne puis être admis auprès de lui. Sa tante me donne d'effrayantes nouvelles. Le soir, je dîne au 5e secteur, avec l'amiral du Quilio, et à dix heures je reviens avec mon père, qui est obligé de faire baisser les ponts-levis. »

Le 17. — « Nous recevons l'ordre de faire nos préparatifs de départ. Quant à moi, je suis saisi ce jour-là par une forte bronchite, que je cherche à dissimuler;

mais elle me rend si malade, qu'il faut l'avouer et me soigner. »

Le 18. — « Dimanche au matin, tout le monde est en l'air ; cependant notre aumônier arrive ; nous allons entendre la messe, et nous continuons nos préparatifs de départ. »

Le 19. — « Nous pensions partir dès le matin, mais nous sommes le sac au dos jusqu'à onze heures et demie, et au lieu de changer de campement, on ordonne une école de bataillon. Pendant cette manœuvre, nous avons la douleur d'apprendre la mort de notre ami à tous, Henri de Cambray. »

Le 20. — « Tout est agité. Le bruit d'un prochain départ s'accrédite de plus en plus, et chacun fait encore une fois son paquet. A quatre heures arrive l'ordre de prendre le chemin de fer de Courcelles-le-Valois. Je me prépare à suivre mon bataillon, malgré la bronchite qui me déchire la poitrine. « On n'est pas capitaine pour rien, me disais-je ; à la guerre comme à la guerre. » Je réveille donc un peu mon énergie ; nous nous souhaitons gaîment au revoir devant l'ennemi, et nous allons prendre le commandement de nos hommes, que nous menons à la gare ; là nous montons en wagon, après avoir averti nos troupiers que nous passerions à 500 mètres de l'ennemi, et qu'ils eussent à être prudents et d'éviter même le feu d'une allumette.

« Après avoir traversé Saint-Denis, où nous étions descendus, nous passons sous le fort de l'Est, et nous nous acheminons vers la Courneuve, que nous dépassons un peu, pour former nos faisceaux dans la plaine des Vertus, à 500 mètres du Petit-Drancy, occupé par les avant-postes prussiens.

« Chacun s'établit de son mieux sur la terre nue, qui doit nous servir de couche ; mais le froid est si vif que les hommes sont obligés de se lever et de marcher pour se réchauffer.

« Malgré cette précaution, plusieurs hommes surpris par le sommeil ont été gelés. »

Le 21. — « De très-bonne heure, les faisceaux sont rompus, et nous sommes prêts à partir. A ce moment, les canons des forts et les batteries de campagne commencent leur concert. Aussitôt nous nous mettons en marche, guidés sur notre gauche par la fusillade des marins de l'amiral la Roncière. Après trois quarts d'heure, nous faisons halte pour creuser des tranchées, auxquelles nos hommes travaillent activement, stimulés qu'ils sont par le froid et le danger. Ils allaient s'occuper de faire le café, quand ils reçoivent l'ordre de se porter en avant. Nous entrons successivement dans le Petit et dans le Grand-Drancy, que les Prussiens n'avaient que médiocrement défendus ; poursuivant notre marche, nous nous arrêtons à 700 mètres du Bourget.

« Vers midi, une batterie ennemie établie sur notre gauche nous envoie une vingtaine d'obus qui ne nous font pas grand mal et ne nous empêchent pas même de continuer nos tranchées. Sur les trois heures, le feu s'arrête de part et d'autre.

« Cependant, les Prussiens, qui ne trouvent pas nous avoir assez maltraités, tirent sur nos ambulanciers, tuent un frère de la doctrine chrétienne et en blessent un autre. Cette barbarie n'empêche pas toutefois le service, qui se fait d'une façon si dévouée et si intelligente, qu'il ne reste pas un seul blessé sur le champ de bataille au bout d'une heure.

« A quatre heures, je reçois l'ordre de me replier; mais en arrivant au Grand-Drancy, nous sommes assaillis par une grêle d'obus. Contraints de nous débander, ce n'est que le lendemain, à neuf heures, que nous pouvons nous reformer à Romainville, après avoir traversé Bobigny et Noisy-le-Sec. Dévoré par la fièvre que me donne ma bronchite, épuisé par la fatigue et par la faim, après avoir pris une tasse de café, mon seul repas depuis trente-six heures de marche et de travail, je repars de Romainville à six heures et demie, afin de réunir mes hommes. Par bonheur, ma compagnie se trouve au complet. Je me dirige alors sur Aubervilliers, où nous attendait notre commandant. Au bout de deux heures de repos que je passe près du feu, en proie à de vives souffrances, nous recevons l'ordre d'aller camper rue de Flandre. A peine arrivé, je rencontre mon colonel, qui m'envoie à Paris me faire soigner. J'avais de bonnes raisons pour obéir promptement. Aussi je monte dans une voiture d'ambulance, qui me dépose enfin à mon logement, après mille tours et détours.

« Dès le lendemain matin 23, j'écris à mon colonel pour le prier de me faire prévenir s'il doit y avoir un engagement. Le soir même, je reçus une dépêche m'annonçant un combat pour le lendemain. Sur ces entrefaites, arrive un médecin, auquel je communique mon projet de me lever et d'aller prendre part au combat.

Le docteur repousse vivement ma proposition. « Vous avez une bronchite aiguë, me dit-il, et de plus le poumon gauche fortement engagé. »

« Mais mon parti était pris : le docteur devait avoir tort. »

Le 24. — « A cinq heures, je monte donc en voiture et me rends à la rue de Flandre, où je trouve une agitation extraordinaire. Mais il paraît que ma mine contrastait tellement avec les préparatifs du combat, que mon colonel, m'ayant rencontré, vers neuf heures, me renvoie à l'ambulance. Rentré dans mon lit avec la poitrine plus brûlante que jamais, je m'abandonne aux soins qui me sont prodigués. »

Le 25 (jour de Noël). — « Mon père me quitte à huit heures et va établir un campement à Fontenay-sous-Bois. Vers dix heures, je reçois la visite de mon oncle, et comme je souffre moins, je lui communique mon intention d'aller entendre la messe ; mais il me le défend. Après son départ, livré tout entier à mes réflexions, je trouve trop pénible d'être privé de la messe un jour de Noël; c'est pourquoi je me lève résolument, dans l'intention d'aller à l'église. Mais les forces me trahissent, et je suis obligé de me recoucher. Bientôt on m'apporte un léger déjeûner ; il semble que je vais y faire honneur, et voilà qu'à la deuxième bouchée l'appétit disparaît, et je dois m'arrêter.

« Ainsi le jour de Noël passe bien tristement pour moi! J'en fais le sacrifice au Dieu sauveur, qui, pour nous, naquit dans une pauvre étable!..... »

Le 28. — « Je me trouve mieux : ma respiration est plus libre ; je me lève dans la journée. »

Le 29. — « A deux heures je quitte Paris pour aller rejoindre mon batailllon à Aubervilliers. »

C'est de là que Gaston écrivit une de ses dernières lettres, le 29 décembre 1870 :

« Mère bien-aimée et chérie,

« Lorsque je vous écrivais, au mois de novembre, pour vous souhaiter votre fête, je ne pensais pas que je serais forcé d'en faire autant à l'occasion du premier de l'an, et pourtant voici déjà le 29 décembre, et les événements n'ont pas sensiblement changé notre pósition. Nous nous sommes battus de nouveau le 22, au Bourget, sans résultat sérieux. Le froid était atroce; la terre gelée résistait aux efforts des travailleurs, et malgré cette rigueur de la température, il nous a fallu coucher dehors, sans tentes, enveloppés dans nos couvertures. Ce que nous avons souffert dépasse toute idée. Pour comble de malheur, le voisinage de l'ennemi nous interdisait toute espèce de feu. Aussi votre Gaston, épargné par les balles prussiennes, a-t-il été pris d'une bronchite qui l'a cloué au lit durant quatre jours. Mais aujourd'hui, la respiration étant libre, j'ai rejoint mes soldats.

« Pendant tout le cours de ma maladie, mon oncle et ma tante sont venus me voir tous les jours, et m'ont apporté mille douceurs.

« ..... Notre pauvre Loiret est de toutes les affaires.

Cet honneur lui coûte cher. Par bonheur, ma compagnie, qui est pourtant une de celles qui ont le plus donné, a moins perdu d'hommes que les autres.

« Par moment, quand je suis seul, je me sens le cœur déchiré, en pensant qu'il y a si longtemps que je suis séparé de vous, mère bien-aimée ; aussi, en me rendant hier à Notre-Dame-des-Victoires, où je me suis confessé, ai-je demandé du fond du cœur à la très-sainte Vierge qu'elle abrége par ses prières cette terrible séparation ; c'est le vœu le plus ardent que je puisse faire au commencement de cette année. Que Dieu vous conserve en parfaite santé, vous, mère bien-aimée, mon cher Arthur et mon bon petit Gontran.

« Adieu, et espérons que la bonté de Dieu nous protégera. Adieu, encore une fois. Je vous embrasse bien affectucusement et de toute la tendresse de mon cœur. Mille vœux pour ma tante et pour mon oncle. Qu'est devenu le Bruel ?

« Votre GASTON chéri. »

Pauvre cher Gaston, hélas ! plus il pressait, le cours du temps et demandait de toute la tendresse de son âme à revoir sa mère, plus sa rapide carrière approchait de son terme fatal. Dieu, à qui appartient l'avenir, avait pris soin de préparer la glorieuse récompense qu'allait bientôt recevoir notre regretté ami. Quand on se souvient de l'horreur et du dégoût que lui inspirait le métier des armes, et qu'on le voit maintenant si résolu, si brave dans les combats, si appliqué à ses devoirs de capitaine, si attentif au milieu de la dissipation et des dangers d'un campement de quatre mois sous Paris, à conserver la pureté de sa conscience, afin d'être plus capable d'affronter la mort, on ne sait plus retenir son émotion. On trouve, dans cette vie sincèrement chrétienne et guerrière, un souffle divin qui anime et vivifie les moindres incidents. Officier par force, il commande et combat par devoir de conscience, sous le regard de Dieu qu'il craint et honore, sous la protection de la sainte Vierge qu'il aime et prie de tout son cœur. Vaillant comme un héros, pieux, bon et intègre en ses mœurs, il est tout à Dieu, à la patrie et à sa famille. Dieu, qui fait les belles âmes, comblait Gaston de ses paternelles faveurs. De plus en plus aimé de ses parents, qui étaient fiers et heureux de sa belle conduite, applaudi de ses chefs et de ses subordonnés, il avait acquis en peu de temps une valeur au-dessus de tout éloge. Dirai-je que le monde allait être indigne de lui? Non, car il faut au monde, il faut à une nation, quand l'esprit du mal y étend son empire, des âmes fortes et droites qui plaisent à Dieu, fléchissent sa justice indignée et y ramènent le cours de ses miséricordieuses bénédictions. Mais il faut aussi au ciel ses élus, et quand par les épreuves, la prière et la grâce, Dieu les a préparés et sanctifiés, il les appelle à lui par un dernier sacrifice et les couronne de sa gloire.

A partir du 1er janvier 1871, le journal de Gaston n'est plus qu'une indication de faits sans importance.

Deux fois seulement, le 1er janvier et le 3, il note avec un soin particulier qu'il est allé chercher son père, pour l'embrasser et lui présenter ses vœux de bonne année. Le 1er janvier, il fit dans ce but une course d'Aubervilliers au fort de Rosny, et le surlendemain il obtint permission de se rendre à Paris, où M. de Murat venait de rentrer.

Le lendemain 4, il constate, avec une sorte de découragement, que le bruit des canons ennemis se rapproche. De ce jour, jusqu'au 11 du courant, on dirait que Gaston prend le deuil à la vue des irrévocables malheurs de son infortuné pays. Son joyeux entrain a disparu ; il entre dans une sorte de recueillement que ne troublent point les soins assidus qu'il prodigue à sa compagnie. Ses amis se souviennent que, tout en restant aussi aimable que par le passé avec eux, sa physionomie portait l'empreinte de quelque préoccupation ; ils le trouvaient parfois soucieux, et sa parole témoignait l'énergie et le calme d'un homme qui a pris son parti, en présence d'un éminent et mortel danger. En effet, il s'était décidé, dût-il y laisser sa vie, à faire son devoir jusqu'au bout, si l'occasion se présentait. Du 2 au 9, il avait été capitaine de semaine dans son bataillon ; une fois déchargé de cette fonction, son cœur se reporte à la pensée de sa mère et de ses frères, et il songe à aller prier pour eux à Notre-Dame-des-Victoires. Ce vénéré sanctuaire était l'asile préféré de sa piété ; chaque fois qu'il allait s'y prosterner au pied de la statue miraculeuse de la sainte Vierge, il en sortait consolé, fortifié et plein de confiance. Il lui semblait, après sa fervente prière et une humble confession de ses moindres fautes, qu'il n'avait plus rien à craindre pour ceux qu'il chérissait en ce monde et qui étaient exposés, les uns aux tristesses de l'inquiétude, les autres, comme lui, aux funestes dangers de la guerre.

Ayant prié beaucoup pour la conservation de sa

famille, sa prière était exaucée ; mais il devait être la rançon exigée de la Providence divine.

Telle était la situation quand, le 11 janvier, il écrivait, d'Aubervilliers, cette dernière lettre à sa mère :

« Mère bien-aimée et chérie,

« Vous ne pouvez pas vous figurer combien je suis inquiet et tourmenté de ne pas recevoir de vos nouvelles et de celles de ce cher Arthur... Pourvu, encore, que mes lettres vous arrivent ! — Tout le monde ici est toujours d'une bonté sans exemple pour moi ; je m'occupe beaucoup de ma compagnie, et j'ai le bonheur de voir que mes efforts ne restent pas infructueux. Aujourd'hui, j'ai obtenu l'autorisation d'aller à Paris ; j'y ai vu mon oncle, que j'ai trouvé très-abattu. Inutile de vous en dire la cause... Adieu, mère bien-aimée et chérie ; ne vous inquiétez pas : nous sommes aussi en sûreté que possible. Mon bataillon est cantonné sur la route de Flandre, derrière le fort d'Aubervilliers. Adieu ; je vous embrasse de tout cœur et bien tendrement, comme je vous aime.

« Embrassez bien pour moi mon cher petit Gontran, et dites à mon cher Arthur combien je pense à lui, et tous les vœux que je fais pour que nous nous trouvions bientôt tous dans vos bras. Adieu encore ; je vous embrasse tous bien tendrement, et j'espère en Notre-Dame-des-Victoires, d'où je sors. Espoir, confiance et courage sont mes seules paroles. Adieu.

« Votre GASTON chéri.

« P.-S. — Mon père est en bonne santé. Adieu ; ayez courage. »

Le dernier mot que ce cher Gaston a écrit est bien celui qui convenait le mieux, à lui d'abord, à toute sa famille et spécialement à sa mère, qui allait être frappée d'un coup si violent et si inattendu.

CHAPITRE VI.

BUZENVAL. — BLESSURE. — DERNIERS MOMENTS.

Le 19 janvier, le bataillon de Gaston quittait son cantonnement d'Asnières à deux heures du matin, et remontant quelque temps la rive gauche de la Seine, arriva, vers quatre heures, à l'avenue de la Grande-Armée; à six heures, les hommes reprennent leur marche et se dirigent sur Rueíl à travers champs. Les ambulances et les fourgons du régiment s'arrêtèrent dans cette localité; mais les diverses compagnies allèrent s'établir sur un plateau situé entre La Jonchère et Buzenval. Bientôt, une vive fusillade commence entre les francs-tireurs divisionnaires et les Prussiens, embusqués derrière les murs du parc de Buzenval. Cette première phase du combat dura de dix heures à midi. A ce moment, les premières balles arrivent sur les mobiles du Loiret, qui ripostent de tous côtés. Avant que sa compagnie prît une part active à la lutte, Gaston s'était occupé à ébaucher un croquis du parc et du château de Buzenval, autant que le lui permettaient et la distance et la préoccupation du moment.

Cependant l'armée française s'est emparée du château où les Prussiens s'étaient retranchés; en même temps le génie et l'artillerie ont troué en divers endroits les murailles du parc. Les mobiles évacuent donc le plateau de La Jonchère et pénètrent de toutes parts dans le parc, par les brèches que les Prussiens n'osent pas défendre. Peut-être avaient-ils prévu la direction de l'attaque, car le bois de Buzenval se trouve occupé d'un bout à l'autre par une ligne de travaux derrière lesquels l'ennemi s'abritait et tirait sur nos troupes.

Vers une heure de l'après-midi, le colonel de Montbrison reçoit l'ordre de porter les mobiles du Loiret en avant. A peine ce mouvement est-il commencé que le jeune de Pully est atteint d'une balle à la poitrine, et que Gaston de Charsonville reçoit une blessure au genou. Pendant que des soldats transportent aux ambulances ces deux officiers, leur brave colonel tombe lui-même sous un coup de feu.

Vers trois heures, Gaston de Murat est à son tour frappé d'une balle qui lui traverse l'épaule. Six hommes de la ligne font aussitôt un brancard avec leurs fusils et l'emportent à l'ambulance, étendu sur sa couverture pliée en quatre. Loin de se plaindre, Gaston cherche à oublier son mal, cause avec ses hommes, les rassure sur sa blessure, et conserve le calme et le sang-froid le plus complet. Chemin faisant, se trouvant mal couché, il fait arrêter ses porteurs, leur indique comment ils doivent arranger sa couverture, et se recouche tranquillement, jusqu'à son arrivée à l'ambulance de Rueil. Vers sept heures du soir, après s'être entretenu avec quelques-uns de ses amis, et ayant reçu les premiers soins d'un jeune chirurgien qu'il affectionnait beaucoup, il fut installé sur une voiture de l'ambulance, et transporté à Paris chez M. Fourcade, son oncle.

Dès le lendemain matin, Gaston fit prier le R. P. Ducoudray de vouloir bien venir le voir, et en même temps il chargeait Mme Fourcade de solliciter une neuvaine de prières à Notre-Dame-des-Victoires.

Cependant, les braves mobiles, tout en admirant son intrépidité, éprouvèrent un profond chagrin quand ils connurent toute la gravité de sa blessure. De leur côté, tous les officiers donnèrent à Gaston, en cette triste circonstance, des preuves non équivoques de la plus vive sympathie. Le commandant de Morogues et M. G. de Terrouenne, qui lui avaient tous deux accordé une grande amitié, furent sensiblement affectés du péril qui menaçait ses jours. M. Ph. de Misery, M. Carbonnier, M. Bouilly, M. G. de Charsonville, M. Arnous, M. G. Fressinet, M. G. Cabard, M. Meynard de Franc, etc., qui avaient plus spécialement aussi connu et apprécié les aimables qualités de son cœur, faisaient les vœux les plus ardents pour sa guérison, venaient souvent s'informer de son état, et multipliaient de toutes les façons les témoignages du sincère attachement qu'ils avaient pour lui. Si Gaston était ainsi aimé et estimé de tous, sans exciter l'ombre même de la jalousie, il le devait à la réunion de ses incontestables qualités. Du reste, il n'avait jamais cherché à attirer l'attention ; et s'il fut parfois l'objet d'une préférence, c'était dans les occasions délicates et tout à fait périlleuses.

Ainsi, le 18 janvier, la veille de la dernière bataille, le colonel Fressinet et le colonel de Montbrison, se trouvant à Asnières, chez le général Berthault, qui préparait avec le général de Miribel les mouvements que sa division devait exécuter durant l'attaque du lendemain, on entendit la conversation suivante :

« Colonel, dit le général Berthault en s'adressant à M. Fressinet, en cas de besoin, pourriez-vous me désigner un officier d'une valeur éprouvée, et sachant l'allemand ?... — Mon général, le capitaine de Murat parle allemand, et de sa bravoure j'en réponds ! »

Mais revenons à notre récit. Si le dévoûment et l'affection avaient le privilége de sauver un malade, M. et Mme Fourcade nous auraient conservé notre cher Gaston. Mais il y a de ces coups qui déjouent tous les soins de la tendresse et toutes les ressources de la science, lorsque, selon les adorables et miséricordieux desseins de Dieu, l'âme a terminé le cours de ses épreuves. Il faudrait alors un miracle... et la divine Providence a tout disposé pour que nulle créature n'arrête l'exécution de sa paternelle volonté.

Plusieurs fois, durant les vingt jours de sa maladie, Gaston eut le bonheur de se confesser et de communier, et il accomplissait ces saintes actions avec une foi, une piété, un respect et un abandon qui devaient nécessairement toucher le cœur de Dieu.

Cependant, avant que le fidèle serviteur de Jésus-Christ allât recevoir sa couronne dans un monde meilleur, la France reconnaissante voulut récompenser la noble conduite de son jeune et valeureux défenseur. En son nom, M. le baron Fressinet vint déposer sur la poitrine de Gaston, couché sur son lit de mort, la croix de la Légion-d'Honneur. Sa joie fut grande à la vue de cette marque de distinction, qu'il espérait rapporter bientôt au Bruel et offrir à sa mère, comme un témoignage assuré de sa belle conduite.

Mais le brave capitaine ne devait guère jouir sur la terre de cette joie et de ses filiales espérances : il touchait, à son insu, à sa dernière heure.

Dans la nuit suivante, du 8 au 9 février, pendant qu'il dormait plus paisiblement que de coutume, une hémorrhagie s'étant déclarée à sa blessure, il expira doucement, vers quatre heures du matin, sans douleur et sans agonie, providentiellement exempté des craintes et des amertumes de la mort.

Les épreuves du dernier moment, s'il les avait subies, eussent été cruelles. Mourir sans avoir revu sa mère ! quitter la vie au milieu du deuil et des humiliations profondes de la France !... Ce sacrifice, où se seraient évanouies les espérances de son ardent patriotisme et de sa piété filiale, eût bien été le plus douloureux qu'on aurait pu infliger à son cœur ! Je ne pense pas néanmoins qu'il eût refusé ce calice d'amertumes ; tout en aimant la vie, comme on l'aime à vingt ans, il avait entrevu la mort et s'y était plusieurs fois résolument préparé. Seulement, il n'aurait pas voulu expirer pendant que la patrie pleurait son irrémédiable défaite. Mais la Providence avait précisément conservé Gaston jusqu'au moment où la France, n'ayant plus rien à faire sur les champs de bataille, pouvait encore apaiser la justice divine par des victimes d'expiation choisies parmi ses plus purs et ses plus valeureux enfants.

Bien que prévue, la mort de leur cher capitaine causa un véritable chagrin à tous les mobiles qui l'avaient connu. Voici ce que m'écrivait M. le vicomte de Morogues, dans une lettre que je lui demande la permission de livrer partiellement à la publicité :

« J'avais pour Gaston, dit M. le Commandant, autant d'affection que d'admiration. Pendant toute notre campagne, je l'ai vu très-intimement, et c'est alors que j'ai pu considérer de près ses qualités si solides et si aimables. Excellent chrétien, bon camarade et très-brave officier, il était chéri et estimé de tous, et sa fin, pourtant si glorieuse, causa parmi nous une douleur et une consternation générale. »

Mme de Murat, à laquelle on n'avait pas osé annoncer la blessure de Gaston, n'était pas là pour recevoir ses derniers adieux. Le pauvre enfant, craignant lui-même d'affliger sa mère, avait été complice du silence gardé sur le danger qu'il courait, en sorte qu'il fut, lui aussi, privé, pour que son sacrifice fût plus complet, de la consolation la plus désirée de son cœur.

Mais je n'en doute pas, la Mère très-miséricordieuse qu'il avait si souvent invoquée à Notre-Dame-des-Victoires n'aura pas abandonné son serviteur à l'heure du suprême combat, et si les palmes du triomphe lui ont été refusées sur la terre, elle l'aura couronné de la gloire des bons soldats du Christ.

Je suis heureux de rapporter ici le consolant témoignage de l'aumônier des mobiles du Loiret, M. l'abbé G***, professeur à La Chapelle, qui connaissait notre

cher Gaston et qui l'assista de ses pieux encourage-
ments.

Voici ce qu'il écrivait, peu de temps après, à
Mme de Murat :

« Madame la comtesse,

« Je désirais vivement aller vous parler de votre bien
cher M. Gaston ; il m'eût été plus facile de vous dire
de vive voix toutes les bonnes qualités, tous les nobles
sentiments que j'ai rencontrés chez lui ! Une circonstance
imprévue m'a forcé à un long voyage ; il me sera donc
impossible de vous rendre une visite qui m'eût beaucoup
honoré.

« Cependant je puis vous dire que j'ai la douce confiance que cette âme si chrétienne, si noble et si généreuse jusqu'au dernier moment, a déjà reçu la récompense de son dévoûment... Sa préparation à la mort,
il la faisait avant chaque bataille, par une bonne confession : son sacrifice était donc fait à Dieu depuis
longtemps. Et voilà pourquoi Dieu, qui avait besoin de
nobles et pures victimes, a choisi celui dont nous re-
grettons l'absence, mais dont le bonheur aussi doit nous
consoler et nous réjouir.

« Malgré cette espérance si fondée, je donne toujours
à cette âme chérie, qui me fut un instant confiée, une
grande part dans mes prières, afin que, touchée de
mon souvenir, elle prie aussi pour moi. »

CHAPITRE VII.

FUNÉRAILLES. — SÉPARATION. — CONSOLATION.

Les funérailles de Gaston furent d'abord célébrées à Paris avec les honneurs religieux et militaires dus à son rang, et on déposa ses dépouilles mortelles dans une sépulture de famille, en attendant que les circonstances permissent de lui préparer un tombeau définitif. Ce ne fut qu'au bout de cinq mois, après le deuxième siége de Paris, quand la paix et l'ordre furent complètement rétablis en France, que les restes de Gaston furent transférés au Bruel, où il avait passé les belles et heureuses années de sa trop courte existence.

Un tombeau particulier lui avait été creusé dans la chapelle du château, et son corps y fut déposé le 18 juillet, en présence des amis de sa famille, au milieu du concours empressé des mobiles de son ancienne compagnie, auxquels s'était mêlée une foule considérable venue des environs.

Les *Annales* d'Orléans, s'associant au deuil de cette nombreuse assemblée, publièrent peu de jours après un compte-rendu dont je détacherai les lignes suivantes :

« Mardi 18 juillet, une cérémonie, rappelant de tristes et aussi de glorieux souvenirs, a été accomplie dans la chapelle du château du Bruel.

« M. Rabotin, vicaire général, assisté du clergé des paroisses voisines, y célébrait un service solennel pour le repos de l'âme de M. Charles-Gaston, vicomte de Murat. C'est bien au pied de l'autel que doit reposer ce jeune chevalier, qui se plaisait à y répandre son âme dans la prière. Digne émule des anciens preux, sa vie fut sans reproche, et son cœur exempt de crainte. Les plaisirs de la jeunesse le trouvèrent rempli de dédain envers leurs séductions ; son âme généreuse planait calme et forte au-dessus des bassesses de la terre. »

« La foi et la valeur héréditaire de M. G. de Murat, » s'est écrié M. le vicaire général, dans une chaleureuse et patriotique allocution, « ont produit dans son cœur et « en face de la mort, non seulement la bravoure du « guerrier, mais encore l'enthousiasme et l'héroïsme du « chrétien. Aussi, a-t-il ajouté en finissant, la religion « et la patrie, également reconnaissantes, sont-elles « maintenant inclinées sur sa tombe glorieuse pour la « bénir. »

En présence de ce tombeau, on peut encore répéter avec confiance ce qui fut dit des martyrs : *Ils ont semblé mourir, mais ils vivent dans la paix.* Passé des demeures terrestres dans le sein de Dieu, notre ami voit, sait et jouit maintenant.

Ah ! si nous pouvions comprendre les vérités que nous professons pour notre foi, nous serions plus aisément consolés de la mort de ceux que nous avons aimés... Semblables aux navigateurs qui longent les côtes de la mer, et aux yeux desquels les arbres, les maisons et les rochers paraissent fuir précipitamment, tandis qu'eux-mêmes croiraient être immobiles, nous pensons que les morts, qui ont posé le pied sur les rives immobiles de l'éternité, fuient loin de nos regards, tandis qu'en réalité ils sont entrés dans le repos, et nous regardent continuer notre course à travers les écueils et les tempêtes. « Faut-il donc appeler vivants ceux qui n'ont pas achevé de mourir, et morts ceux qui sont entrés dans ces régions de la vie ? » disait saint François de Sales.

Heureuses donc les âmes chrétiennes qui savent vivre avec leurs défunts, et qui en conservent l'amour dans leur cœur, par le dévoûment des bonnes œuvres et de la prière! Aussi je comprends pourquoi M. et Mme de Murat ont tenu, malgré l'improbation de quelques personnes, à ramener au Bruel les restes de leur fils bien-aimé. La présence de cette dépouille mortelle leur rendra plus sensible le souvenir de son âme.

Est-ce d'ailleurs déraisonnable de croire que les larmes, répandues avec une humble prière sur le cercueil de son fils ou de son ami, font remonter au cœur la paix, la force et la consolation ? Ne paraît-il pas légitime de penser qu'alors les âmes, qui seules peuvent aimer et comprendre, sont plus rapprochées, plus unies et plus près de se rencontrer ?

J'aime, à ce propos, me rappeler les paroles pleines

de piété et de tendresse échappées à un cœur chrétien, sous le poids d'un chagrin semblable à celui que je voudrais soulager en ce moment :

« Si je prie, je crois écouter sa prière qui accompagne la mienne, comme nous faisions ensemble, le soir, au pied du crucifix. Enfin, lorsque j'ai le bonheur de communier, lorsque le Sauveur vient me visiter, il me semble que *son âme* le suit dans mon cœur... Et puis, la séparation (fût-elle réelle) n'est pas sans fin ; encore trente, quarante années, et nous serons au rendez-vous, pour ne plus nous quitter (1). »

C'est pourquoi les larmes versées sur la tombe d'un fils ou d'un ami laissent parfois arriver à l'âme, à certaines heures, un éclair de bonheur céleste et incompréhensible, qu'on serait tenté de se reprocher.

O amis ! ô parents attristés ! ne craignez pas que votre âme manque en ces saintes émotions aux devoirs de l'amitié et de la tendresse ! Non, c'est Dieu, en sa bonté, qui compâtit à votre douleur et qui se plaît à visiter la maison du deuil, pour y répandre un avant-goût de ses éternelles consolations. Aimez à revenir à ces doux instants ; priez Dieu de réitérer ces mystérieuses visites qu'il fait à votre cœur ; agenouillez-vous, épanchez au pied de la croix, sur la tombe de celui qui vous est si cher, toute l'abondance de votre foi, de votre piété et de vos espérances, et vous puiserez, dans cette religieuse solitude, une paix qui vous dédommagera des sacrifices de la vie présente. — Et puis, n'est-ce pas adoucir à l'avance l'épreuve de notre propre mort, que

______

(1) Fréd. OZANAM, sur la mort de sa mère.

de nous habituer à penser qu'elle ne nous détruira pas plus que nos amis et nos frères qui nous attendent, s'approchent de nous de plus en plus et seront là, nous pouvons l'espérer, pour soutenir notre âme, à l'instant où il faudra qu'elle franchisse à son tour le seuil de l'éternité ?...

TABLE.

Orléans, imp. de G. Jacob, cloître Saint-Étienne, 4.

Lh 5 1195

ORLÉANS, IMPRIMERIE DE GEORGES JACOB, CLOITRE SAINT-ÉTIENNE, 4.

www.ingramcontent.com/pod-product-compliance
Ingram Content Group UK Ltd.
Pitfield, Milton Keynes, MK11 3LW, UK
UKHW021053150726
13693UKWH00007B/990